JOCHEN LOBER

BESCHRÄNKT SOUVERÄN

JOCHEN LOBER

BESCHRÄNKT SOUVERÄN

Die Gründung der Bundesrepublik als »Weststaat« –
alliierter Auftrag und deutsche Ausführung

DIE WERKREIHE VON TUMULT **#11**
Herausgegeben von Frank Böckelmann

MANUSCRIPTUM.

Impressum

Elfte Ausgabe der Werkreihe TUMULT, erste Auflage September 2020
Herausgegeben von Frank Böckelmann / TUMULT. *Vierteljahresschrift für Konsensstörung*, Dresden
www.tumult-magazine.net

Gestaltung & Herstellung
Autorenfoto Jochen Lober: © Jochen Lober
Lektorat: Horst Ebner, Wien
Gestaltung: Thomas Löffler, Berlin

Titelnummer: 10610
ISBN: 978-3-948075-19-4

www.manuscriptum.de

INHALT

»Das Grundgesetz ist nicht mit den Zehn Geboten zu vergleichen.«

Konrad Adenauer

VORWORT

Die Entstehungsgeschichte der Bundesrepublik Deutschland samt ihrer Verfassung, dem Grundgesetz, bietet vordergründig ein verworrenes Bild. Herkömmliche Deutungsversuche enden schnell in Sackgassen oder verschwinden im Nirwana einer Art Rembrandtschen Halbdunkels. Bestimmende Bezugspunkte sind jedenfalls die bedingungslose Kapitulation der deutschen Wehrmacht am 8. Mai 1945,[1] die ihr folgende Verhaftung der Reichsregierung Dönitz[2], die Verkündung der Berliner Erklärung am 5. Juni 1945 und der damit verbundenen, einseitigen

---

1 Vgl. Josef Foschepoth: Überwachtes Deutschland. 2. Aufl. Göttingen 2013, S. 21: »Ausgangspunkt jeder Beschäftigung mit der deutschen Nachkriegsgeschichte ist die bedingungslose Kapitulation der deutschen Wehrmacht am 8. Mai 1945.« Dieses Datum ist nach wie vor das unhintergehbare, historische und politische *factum brutum* für die Deutschen, »es ist die auf ein griffiges Ereignis-Datum zugespitzte Anfangskonstellation für die Grund-Lage Deutschlands und Mitteleuropas seitdem«, so Hans-Joachim Arndt in *Die Besiegten von 1945. Versuch einer Politologie für Deutsche samt Würdigung der Politikwissenschaft in der Bundesrepublik Deutschland* (Berlin 1978, S. 14). »Im Grunde genommen«, stellte bereits Theodor Heuss vor dem Parlamentarischen Rat fest, »bleibt der 8. Mai 1945 die tragischste und fragwürdigste Paradoxie der Geschichte für jeden von uns. Warum denn? Weil wir erlöst und vernichtet in einem gewesen sind.« (Der Parlamentarische Rat 1948–1949. Akten und Protokolle in 14 Bde., Bd. 9. Hg. v. Bundesarchiv. Berlin 1986–2009, S. 542) (Kürzel der Quellenedition: PR, Bd., S.).

2 Die Reichsregierung Dönitz, die zwischen dem 1. und 23.5.1945 in Flensburg amtierte, war *de facto* und *de jure* die rechtmäßige Regierung des Deutschen Reiches. Ihre staats- und völkerrechtliche Legitimation lässt sich nicht in Abrede stellen. Vgl. Dirk Nolte: »Das Problem der Rechtmäßigkeit der Nachfolge durch die ›Regierung Dönitz‹«, in: *JuS*, 1989, S. 440 ff.; Marlies G. Steinert: Die 23 Tage der Regierung Dönitz. Düsseldorf/Wien 1976, und den dortigen Hinweis (S. 317), wie der Staatssekretär Wilhelm Stuckart die Alliierten von der Rechtmäßigkeit der Regierung Dönitz zu überzeugen versuchte, bzw. dass hilfsweise nach Art. 51 WRV zumindest der Präsident des Reichsgerichts als rechtmäßiges Staatsoberhaupt anzusehen wäre. – Die Frage nach der Geltung der Weimarer Reichsverfassung, also was aus dieser 1945 und danach wurde, betrifft eines der größten Tabus in der bundesdeutschen Staatsrechtslehre.

Begründung einer »supreme authority« durch die Alliierten in und über Deutschland[3] sowie das Potsdamer Abkommen vom 2. August 1945, in dem die drei Siegermächte neben vielem anderen bestimmten, dass »sie bis auf weiteres [...] keine zentrale deutsche Regierung errichten werden«.[4]

Diese für die Gründung der Bundesrepublik Deutschland als »Weststaat«[5] konstitutiven Sachverhalte standen Politikern wie Konrad Adenauer und Carlo Schmid vor Augen, als sich ihnen Mitte des Jahres 1948 mit den »Frankfurter Dokumenten« die Möglichkeit eröffnete,

---

3 Am 5.6.1945 unterzeichneten die militärischen Oberbefehlshaber der alliierten Streitkräfte in Berlin die »Erklärung in Anbetracht der Niederlage Deutschlands und der Übernahme der obersten Regierungsgewalt«, mit der sie in und über Deutschland eine »supreme authority« für sich beanspruchten. Eine Übertragung, Abtretung oder Übergabe der deutschen Staatsgewalt an die Alliierten war dem indes nicht vorausgegangen, weshalb es sich bei dieser Erklärung nur um einen einseitigen Willensakt handelt. Auf völkerrechtlicher Basis lässt sich für die von den Alliierten durch die Berliner Erklärung proklamierte Übernahme der obersten Regierungsgewalt ein positivrechtlicher Tatbestand nicht finden. Eine rechtliche ›Begründung‹ dieses Kompetenztitels sowie der daraus über mehr als vier Jahrzehnten hergeleiteten Rechte und Verantwortlichkeiten in Bezug auf Berlin und »Deutschland als Ganzes« ist daher genauso unmöglich wie die Einordung der mit dem Zwei-plus-Vier-Vertrag im Jahr 1990 vereinbarten Beendigung dieser Befugnisse. Dies würde einen Rückschluss von der Faktizität auf die Normativität bedeuten, was rechtlich nicht statthaft ist. Vgl. zur Problematik Dieter Blumenwitz: »Der Vertrag vom 12.9.1990 über die abschließende Regelung in bezug auf Deutschland«, in: *NJW*, 1990, S. 3047.

4 Zum Potsdamer Abkommen bemerkte Konrad Adenauer in seinen *Erinnerungen* in der ihm eigenen Art knapp und bündig: »Es sind Untaten verübt worden, die sich den von den Nationalsozialisten verübten Untaten würdig an die Seite stellen. Die Austreibung beruht auf dem Potsdamer Abkommen vom 2. August 1945. Ich bin überzeugt, dass die Weltgeschichte über dieses Dokument ein sehr hartes Urteil dereinst fällen wird.« (Ders.: Erinnerungen 1945–1953. Bd. 1. Stuttgart 1965, S. 186). Dem ist nichts hinzuzufügen.

5 Der Begriff »Weststaat« war zur Zeit der alliierten Besatzung allgemein gebräuchlich. Er wurde u. a. von den Militärgouverneuren Clay und Robertson (vgl. PR, Bd. 1, S. 151, 271 f. u. XXIII, XL u. XLIV) wiederholt gebraucht. Unzählige weitere Nachweise finden sich in der damaligen Tagespresse und Publizistik.

das Verhältnis zu den Westalliierten auf eine rechtlich wie auch immer zu qualifizierende, neue Grundlage zu stellen. Erwägenswert war dieses Angebot für die Angesprochenen in jedem Fall. Lief es doch in seinem Kern darauf hinaus, einer faktisch uneingeschränkt agierenden, alliierten Militärregierung gewisse Strukturen in Form von Mitspracherechten einzuziehen. Andererseits wollte damals auch kein deutscher Politiker in den Verdacht geraten, die zonale Teilung Deutschlands zu vertiefen oder als willfähriger Erfüllungspolitiker der Alliierten zu agieren.[6] Wie eine Reorganisation des staatlichen Lebens in Deutschland hätte vonstattengehen sollen, war unter den Deutschen selbst auch keineswegs einheitlich entschieden.

Auf der einen Seite standen die Westalliierten, die den formalen Auftrag zur Gründung eines Weststaates erteilten. Über das genaue Ziel dieses Auftrags hatten sie selbst gleichwohl in internen Vorberatungen keine einheitliche Vorstellung zu entwickeln vermocht. So wurde der Plan von den Amerikanern[7] von Beginn an massiv forciert, während die Franzosen bis zuletzt alles versuchten, dessen Gründung möglichst lange hinauszuzögern und diesen in der Staatsorganisation so dezentral wie möglich ausfallen zu lassen. Mit dieser ungeklärten Ausgangslage sahen sich auf der anderen Seite die Deutschen konfrontiert. Teilweise verfügten sie auf der Ebene der neu gebildeten Länder mit den Ministerpräsidenten bereits wieder über so etwas wie Einfluss. Diesen nutzten sie damals auch zur Wahrung der partikularen Länderinte-

6 Das Magazin *Der Spiegel* (Nr. 22/2020, S. 52 f.) berichtete darüber, dass nach Ablauf von Sperrfristen vom Archiv des CIA Unterlagen freigegeben worden seien, die belegen würden, dass Theodor Heuss sich im Jahr 1946 vom US-Geheimdienst habe anwerben lassen und »eine Vielzahl von Berichten über die politische Lage der Bezirke Stuttgart und Heidelberg« geliefert hätte. Die Dokumente trügen seine Unterschrift und Heuss sei dafür auch bezahlt worden. Zwar sei der Gehalt dieser Berichte eher gering gewesen. Aber diese seien archiviert worden und könnten gegebenenfalls benutzt werden, wenn man »einmal Druck auf Heuss ausüben« müsse.

7 Die im Deutschen gebräuchliche Verwendung von »Amerikaner« bzw. »amerikanisch« steht im Text durchgehend synonym für die korrektere Bezeichnung »US-Amerikaner« bzw. »US-amerikanisch«.

ressen. Sodann gab es allerdings noch jene Deutschen, denen über die Mitarbeit im Parlamentarischen Rat erst noch Bedeutung auf der zu diesem Zeitpunkt nicht mehr bestehenden Ebene der Bundesstaatsebene zuwachsen sollte.

Die vielfältig zwischen Alliierten und Deutschen sowie den Deutschen selbst unter- und miteinander »verschränkten« Interessenlagen werden in der einschlägigen Fachliteratur zur Politik- und Verfassungsgeschichte, in der die Gründung weitgehend unhinterfragt paraphrasiert wird,[8] meist von ihrer Motivationslage zu kurz und/oder einseitig verklärt dargestellt.[9] In der vorliegenden Studie soll deshalb der Versuch gewagt werden, die grundlegenden Entwicklungslinien zur Genese des Weststaates aus Sicht der damals handelnden Deutschen vor allem aus den zeitgenössischen Quellen selbst nachzuzeichnen. Auf Basis dieser Herangehensweise wird deutlich, dass das Grundgesetz den handelnden Zeitgenossen nicht Selbstzweck, sondern eben jene mögliche Etappe beschrieb, auf der die Deutschen nach jahrelanger

---

8 So Bernhard Diestelkamp: »Rechts- und verfassungsgeschichtliche Probleme zur Frühgeschichte der Bundesrepublik Deutschland«, in: *JuS*, 1980, S. 402.

9 *Pars pro toto* kann auf Heinrich Wilms Buch *Ausländische Einwirkungen auf die Entstehung des Grundgesetzes* (Stuttgart 1999) verwiesen werden, der dem Grundgesetz attestiert, »eine gelungene Verarbeitung historischer Erfahrungen, deutscher und ausländischer, mit dem Ergebnis der endgültigen Integration in die Kultur des Westens« (S. 306) zu sein. Den eigentlichen Anspruch seiner Arbeit, die ausländische »Einwirkung« auf dessen Entstehung darzustellen (vgl. S. 282), löst Wilms indes mit keiner einzigen These ein. In seinem Buch findet sich nichts sowohl über das Wirken der bei der Beratung des Grundgesetzes tätigen alliierten Verbindungsoffiziere als auch über das für deren Arbeit verbindliche Prinzip der »indirect rule«. Gleichwohl suggeriert Wilms durchgängig, ein profunder Kenner der Materie zu sein. So sei er bspw. der Entdecker eines im Dezember 1948 von den Alliierten an die Deutschen übergebenen, dritten Aide-Memoires gewesen (S. 207). Tatsächlich hat es ein solches gar nicht gegeben. Es überrascht daher im Grunde auch nicht, dass seine Thesen nicht lediglich im juristischen Nirwana, sondern in einer Lobeshymne auf den Haus- und Hofphilosophen des Status quo, Jürgen Habermas, ausklingen (S. 294). Vgl. zu Letzterem auch S. 136 ff. (bes. Fn. 348).

Abstinenz erstmals wieder ein Mitspracherecht über die eigenen Angelegenheiten zu erlangen suchten.

Die Verfassung der Bundesrepublik, das Grundgesetz, trat am 23. Mai 1949 in Bonn in Kraft. Dass es hierzu kam, war damals keineswegs so selbstverständlich, wie dies heute den Anschein hat. So waren die Beratungen des Parlamentarischen Rates immer wieder von schweren Krisen gezeichnet. Selbst im März/April 1949 war noch ein Scheitern der Beratungen wahrscheinlicher als ein Inkrafttreten des Grundgesetzes. Dass es hierzu kam, wird vor allem Konrad Adenauer als Verdienst angerechnet, so z. B. von Theodor Eschenburg: »Carlo Schmid steuerte die Gestaltung des Grundgesetzes; Adenauers Diplomatie ging es darum, die Zustimmung der Alliierten zum Grundgesetz möglich zu machen.«[10] – Ohne Schmids Sachverstand und hartnäckiges Verhandeln wäre das Grundgesetz allerdings wohl auch nicht zustande gekommen. Nachfolgend wird es daher viel und oft eben um jene beiden Männer gehen, die von ihren Wesen her so verschieden, aber vielleicht gerade deshalb so wichtig für Deutschland wurden.

Die Gründungsväter der Bundesrepublik Deutschland waren damals vor eine Aufgabe gestellt, deren Bewältigung aus heutiger Sicht vor allem eines verlangt: Respekt. So sollten diese die konstitutionelle Grundlage für eine neue politische Ordnung schaffen, die sich allerdings nur auf den Westteil des Territoriums des daniederliegenden Deutschen Reiches beziehen konnte. Der Sache nach sah der alliierte Auftrag zunächst auch nur eine Form von beschränkter Selbstverwaltung auf Probe vor. Nach innen und nach außen sollte das zu konzipierende Staatswesen weiter unter der Aufsicht der Alliierten stehen. Auf dieser Basis wurde die Bundesrepublik Deutschland 1949 bewusst als staatliches Provisorium konzipiert und das Ziel der Einheit in Freiheit zur Staatszielbestimmung erhoben. Dass dieses Provisorium tatsächlich bis 1990 andauern sollte, war für die handelnden Personen von 1948/49 so nicht vorhersehbar.

---

10 Theodor Eschenburg: »Zur Vorgeschichte der Bundesrepublik«, in: Hans Steffen (Hg.): Die Gesellschaft der Bundesrepublik. Göttingen 1970, S. 24.

Das Staatswesen der Bundesrepublik Deutschland nimmt für sich in Anspruch, die jahrhundertealte Idee und Geschichte des Deutschen Reiches in Kontinuität fortzusetzen. Gleichzeitig beansprucht es für sich, in bewusster Abkehr vom vermeintlichen deutschen »Sonderweg« konzipiert worden zu sein, wobei die Abkehr unter den Sonderbedingungen einer vollständigen Besetzung vollzogen wurde. Nicht nur, aber eben auch deshalb weist dasjenige, was gemeinhin als die politische Kultur eines Landes verstanden wird, in Bezug auf die Bundesrepublik vielfältige Besonderheiten und vor allem eine signifikante Fixierung auf die Vergangenheit auf. Besatzung, Entnazifizierung, Re-Education sowie die zum Zwecke neoliberaler Umorientierung oktroyierten Exekutivmaßnahmen sind eben nicht nur Begleiterscheinungen einer nach 1945 tatsächlich notwendig gewordenen Katharsis. Dies waren auch die Instrumente, mit denen in Deutschland zwischen 1945 und 1949 Basisformen des Politischen implementiert worden sind, die zweifelsohne nichtdeutschen Ursprungs sind.[11]

Im Verfassungskompromiss ›Grundgesetz‹ konzipierte der Parlamentarische Rat 1948/49 eine Übergangsordnung, die bis zum Ende der deutschen Teilung die Grundlage und Lebenswirklichkeit für Millionen von Deutschen darstellte. Dabei kam dem Grundgesetz von Beginn an eine Art Doppelfunktion zu. So bildet es zum einen den formalen Rahmen, in dem der Parlamentarische Rat gegen die Besatzungsmächte durchsetzte, dass der zu gründende Weststaat bis zur Wiederherstellung des deutschen Nationalstaates nur eine Übergangsverfassung erhielt (vgl. Art. 146 GG). Zum anderen enthielt es auch eine Vielzahl

---

11 Vgl. Friedrich Berber: Lehrbuch des Völkerrechts. Bd. II. 2. Aufl. München 1969, S. 100: »Dass trotz des totalen Sieges der Alliierten der deutsche Staat rechtlich nicht ausgelöscht wurde, beruht natürlich auf dem Willen der Sieger, dieser Wille der Sieger aber beruht auf Erwägungen ihres eigenen Interesses, auf Erwägungen der Staatsraison, die angesichts der abgrundtiefen Gegensätze unter den Siegern selbst diese dunkle, komplizierte, provisorische, unsystematische, halbe Situation voll unausgetragener Kompromisse als weniger nachteilig erscheinen ließen denn die Debellatio selbst, die eine endgültige Verfügung über Deutschland nötig gemacht hätte, zu der die Sieger angesichts ihrer Gespaltenheit nicht in der Lage waren.«

an Öffnungsklauseln für fremde Hoheitsgewalt. In dieser Hinsicht proklamierte die Präambel den Willen des deutschen Volkes, in einem vereinten Europa dem Frieden der Welt zu dienen. Art. 24 Abs. 1 ermächtigte dazu, Hoheitsrechte auf zwischenstaatliche Einrichtungen zu übertragen. Damit sah das Grundgesetz als eine der ersten Verfassungen überhaupt eine Form von internationaler Zusammenarbeit vor, bei der »supranationale« Einrichtungen Hoheitsgewalt auf dem Gebiet ihrer Mitgliedsstaaten ausüben können sollten. Aufgrund dieser Öffnungsklausel für fremde Hoheitsgewalt wurde schon früh von der »offenen Staatlichkeit« des Grundgesetzes gesprochen.

Der formale Abschluss dessen, was in den Beratungen des Parlamentarischen Rates 1948/49 seinen Ausgang nahm, fand nach einer »Übergangszeit« von immerhin mehr als vierzig Jahren im Jahr 1990 im Rahmen des sog. Zwei-plus-Vier-Vertrages statt, der die endgültige Regelung in Bezug auf Deutschland beinhaltet. Nach dem Willen der damals handelnden Beteiligten bildet diese nunmehr tatsächlich die Verfassung des »vereinten Deutschlands«. In dieser Studie soll der Beginn der dahin führenden Entwicklung, d. h. vor allem die Gründe für die Beauftragung, die Konflikte und den Ablauf der Beratungen im Parlamentarischen Rat beleuchtet werden. Hieran anschließend soll dann der Frage nachgegangen werden, in welcher ›Verfassung‹ das im Jahr 1949 vom Parlamentarischen Rat verabschiedete Verfassungswerk des Grundgesetzes sich heute darstellt. Das heißt: Ist die heutige Verfassungslage mit den ursprünglichen Ideen des Grundgesetzes identisch? Dass in diesem Rahmen bestimmte Punkte leider nur angerissen werden können, versteht sich dabei wohl von selbst.

Chronologie

8.5.1945: Kapitulation der deutschen Wehrmacht

23.5.1945: Verhaftung der Reichsregierung Dönitz

5.6.1945: Übernahme der »supreme authority« über Deutschland

1.7.1948: Übergabe der »Frankfurter Dokumente«

8.–10.7.1948: Koblenzer Konferenz der Ministerpräsidenten

21.–22.7.1948: Niederwalder Konferenz

10.–23.8.1948: Konvent von Herrenchiemsee

1.9.1948: Konstituierung des Parlamentarischen Rates

22.11.1948: Erstes Aide-Memoire der Militärgouverneure

11.2.1949: Übermittlung des ersten Grundgesetzentwurfes

2.3.1949: Zweites Aide-Memoire der Militärgouverneure

5.4.1949: Erstes Schreiben der Außenminister

22.4.1949: Zweites Schreiben der Außenminister

8.5.1949: Annahme des Grundgesetzes durch Parlamentarischen Rat

12.5.1949: Annahme des Grundgesetzes durch die Militärgouverneure

12.5.1949: Bekanntgabe des Besatzungsstatuts

23.5.1949: Inkrafttreten des Grundgesetzes

12.9.1990: Zwei-plus-Vier-Vertrag

3.10.1990: Deutsch-deutsche Wiedervereinigung

I DIE FRAGE NACH DER SELBSTBESTIMMUNG

Mehr als 70 Jahre nach dem Inkrafttreten des Grundgesetzes für die Bundesrepublik Deutschland, das vom Parlamentarischen Rat am 8. Mai 1949 verabschiedet und am 23. Mai verkündet wurde, ist dessen Entstehungsgeschichte noch immer in zentralen Fragen ungeklärt: »Die politische Geschichte des Parlamentarischen Rates«, so stellte Theodor Heuss bereits 1960 fest, »ist noch nicht geschrieben worden, die über die Protokolle der Plenarsitzungen und des Hauptausschusses hinausgeht.« Heuss selbst, damals bereits Bundespräsident a. D., äußerte sich aus nachvollziehbaren Gründen diesbezüglich selbst nur sehr zurückhaltend, da eine solche »politische Geschichte [...] ja auch gewiss zum Teil die Einflussnahme und die hemmenden oder fördernden Sachgespräche mit den Männern der Besatzungsmächte zu berücksichtigen« hat.[12]

Den »Beziehungen des Parlamentarischen Rates zu den Militärregierungen« ist erstmals im Jahr 1999, also fünfzig Jahre später ein eigener Band in der Quellenedition *Der Parlamentarische Rat* gewidmet worden. In der Einleitung heißt es: »Bei einer Bewertung der Rolle der Alliierten während des Entstehungsprozesses des Grundgesetzes kann uneingeschränkt festgehalten werden, dass ohne sie das Grundgesetz der Bundesrepublik Deutschland sicherlich anders ausgesehen hätte.«[13]

---

12 So Theodor Heuss in der Einleitung zu: Grundgesetz für die Bundesrepublik Deutschland. Vertrag über die Beziehungen zwischen der Bundesrepublik und den Drei Mächten. München 1960, S. 11; vgl. ders.: »Abschluss-Arbeit« (3.5.1949), in: Thomas Hertfelder/Jürgen C. Heß (Hg.): Streiten um das Staatsfragment. Stuttgart 1999, S. 188: »Dabei ist nicht bloß an die Stellungnahme der Besatzungsmächte zu denken, die spürbar in bestimmten Zeitpunkten uneinheitlich war und auf einmal die direkte Aussprache, das andere Mal die sibyllinische Verdecktheit der Worte wählte.«

13 So Michael F. Feldkamp in: PR, Bd. 8, S. LXII.

Eine bemerkenswerte Schlussfolgerung, die durch die Aussage eines der damals beteiligten Zeitgenossen zusätzlich unterstrichen wird. So urteilte Hans Simons, der als Verbindungsoffizier im Auftrag der amerikanischen Militärregierung an der Entstehung des Grundgesetzes maßgeblich beteiligt war, im Jahr 1951, das Grundgesetz sei in erster Linie für internationale Zwecke gemacht und initiiert worden, um einen Partner für die von den USA mit der Containment-Politik eingeleitete westeuropäische Integration zu gewinnen sowie die Voraussetzungen für den Marshall-Plan zu verbessern.[14]

Über die generelle Bewertung des Einflusses der Alliierten auf den *Pouvoir Constituant* des deutschen Volkes gehen die Meinungen heute wie damals weit auseinander. Von mancher Seite wird die inhaltliche Steuerung durch die Alliierten zu stark, zum überwiegenden Teil jedoch zu schwach gewichtet. Dass das Grundgesetz nur auf Befehl der Besatzungsmächte, etwa für »internationale Zwecke«, gemacht worden sei, lässt sich aus den bekannten Quellen, Biographien und Untersuchungen nicht belegen. Zutreffend dürfte wohl eher die zeitgenössische Meinung eines ausgewiesenen Sachkenners der Materie sein:

> »Es ist nicht unwahrscheinlich, dass sich das deutsche Volk auch ohne die Bindungen an die Richtlinien des Frankfurter Dokuments Nr. 1 eine Verfassung des dort skizzierten Typs gegeben hätte. […] Keinem Zweifel dürfte es dagegen unterliegen, dass ohne die Interventionen der Militärgouverneure in einigen wichtigen Punkten andere Gestaltungsformen dieses Verfassungstyps gewählt worden wären, als sie nunmehr im Grundgesetz festgelegt worden sind.«[15]

---

14 Hans Simons: »The Bonn Constitution and its government«, in: Hans J. Morgenthau (Hg.): Germany and the future of Europe. Chicago 1951, S. 114; so auch John Gimbel: Amerikanische Besatzungspolitik in Deutschland 1945–1949. Frankfurt/Main 1971, S. 329. Zur Deutschlandpolitik des State Departments siehe auch Hans-Jürgen Grabbe: Unionsparteien, Sozialdemokratie und Vereinigte Staaten von Amerika 1945–1966. Düsseldorf 1983, S. 179: »Von den Vereinigten Staaten ist der Weg zur Gründung der Bundesrepublik Deutschland nicht zuletzt in der Absicht beschritten worden, den neuen Staat zum festen Bestandteil eines westlichen Abwehrblocks zu machen (Waldemar Besson).«

15 So Wilhelm Grewe: »Das Grundgesetz. Die verfassungsrechtlichen Grundlagen

Dass die alliierte Einflussnahme spezifische Auswirkungen auf die Arbeit des Parlamentarischen Rates hatte, ist als Tatsache unbestreitbar. Die Schwierigkeit der genaueren Beurteilung besteht indes darin, dass der deutsche Anteil an der Entstehung des Grundgesetzes von dem der Besatzungsmächte kaum zu trennen ist, weil beide sich gegenseitig bedingten.[16] Welche verfassungspolitischen Vorstellungen der Deutschen sich aufgrund der äußeren Rahmenbedingungen konkret nicht durchsetzen ließen, kann deshalb heute in allen Einzelheiten gar nicht mehr genau geklärt werden. Dass die deutsche Verfassungsdiskussion 1947/48 allerdings nicht geradlinig auf eine »west«-deutsche Staatsgründung hinsteuerte, lässt sich jedoch allein daran absehen, dass der Parlamentarische Rat auf verfassungspolitischen Vorarbeiten aufbauen konnte, die durchaus »gesamtdeutsch« konzipiert waren.[17]

Die Entwicklung »Von der Weimarer Verfassung zum Bonner Grundgesetz« (Friedrich-Karl Fromme) verlief keineswegs so stringent, wie dies in zeitgeschichtlichen Darstellungen neueren Datums bisweilen den Anschein hat. Im zeitgenössischen Kontext gab es eine Fülle unterschiedlicher Erfahrungen und voneinander abweichender Vorstellungen dazu, wie diese verfassungspolitisch hätten in Form gebracht werden können. Einer der politischen Berater des amerikanischen

---

der Bundesrepublik Deutschland«, in: *DRZ*, 1949, S. 315: »Es wäre tragisch, wenn das Gesetz (das Grundgesetz), das die Spaltung Deutschlands zur Grundlage hat, das in wichtigen Punkten nicht der freien Selbstbestimmung des deutschen Volkes entspricht und das in seiner sprachlichen Form und rechtstechnischen Form schwere, z. T. unbegreifliche Mängel aufweist, für einen längeren geschichtlichen Zeitraum die deutsche Verfassung sein sollte.«

16 Ähnlich Josef Schüßlburner, der allerdings davon ausgeht, dass ein »genuin deutscher Anteil« von demjenigen des »alliierten Oktroi« nicht abgrenzbar ist (vgl. ders: Demokratie-Sonderweg Bundesrepublik. Analyse der Herrschaftsordnung in Deutschland. Künzell 2004, S. 597 ff.).

17 Die miteinander konkurrierenden Verfassungsentwürfe finden sich u. a. bei: Werner Sörgel: Konsensus und Interessen. Stuttgart 1969, S. 263 ff.

Militärgouverneurs konstatierte damals etwa: »Every leading German has a constitution in his pocket.«[18]

In welchem Maße die Legitimität des Bonner Grundgesetzes von dieser Problematik betroffen ist, wird erst dann deutlich, wenn man die Betrachtung der Verfassungsentwicklung nicht auf die chronologische Abfolge tatsächlicher Ereignisse beschränkt, sondern auch abgebrochene und nicht verwirklichte Entwicklungsstränge in den Blick nimmt.[19] So stellt sich aus heutiger Sicht etwa die Frage, warum die verfassungspolitischen Vorstellungen des militärischen deutschen Widerstandes, der im Nach-Hitlerdeutschland eine präsidiale Regierungsform einrichten wollte,[20] im Grundgesetz überhaupt keinen Niederschlag gefunden haben.[21] Überraschend ist auch das völlige Verschwinden des Begriffs »Deutsches Reich«[22], obwohl zentrale Fragen, wie etwa der Abschluss eines Friedensvertrages, kriegsbedingt dem »Deutschen Reich« zugewiesen bleiben sollte.

Wenn man davon ausgeht, dass eine Verfassung im Regelfall durch einen Akt der verfassunggebenden Gewalt des Souveräns, also des Volkes in Kraft gesetzt wird, das der Verfassung ihre demokratische

---

18 So James K. Pollock, in: PR, Bd. 1, S. XXVIII.

19 So Stephan Detjen: »Verfassungsverständnis und Verfassungsdiskussion in der Geschichte der Bundesrepublik Deutschland«, in: *Aus Politik und Zeitgeschehen*, Nr. 15–16/97, S. 5.

20 Siehe Ulrich von Hassell: Vom andern Deutschland. Aus den nachgelassenen Tagebüchern 1938–1944. 3. Aufl. Zürich, Freiburg i. Br. 1948 (vor allem Dokument S. 376: »Vorläufiges Staatsgrundgesetz«).

21 Hierzu Erhard H. M. Lange: »Die Diskussion um die Stellung des Staatsoberhauptes 1945 bis 1949 mit besonderer Berücksichtigung der Erörterungen im Parlamentarischen Rat«, in: *VfZ*, Jg. 20 (1972), S. 501 ff.

22 Carlo Schmid begründete als Berichterstatter (Vorsitzender des Hauptausschusses) zu Beginn der zweiten Lesung des Grundgesetzentwurfes am 6.5.1949 den Verzicht auf die die alte Namensgebung sowohl mit den Untaten, die unter dem Namen begangen worden seien, als auch mit der Gefahr, dass die Fortführung des alten Namens unzeitgemäßen Hoffnungen und Ansprüchen Anlass geben könne; vgl. PR, Stenograph. Berichte. Bonn 1948/49, S. 172. Richtig überzeugend ist das nicht.

Legitimität vermittelt, muss es sich bei der alliierten Einflussnahme auf die Beratungen des Parlamentarischen Rates um ein ganz besonderes Kapitel in der Verfassungsgeschichte des Grundgesetzes handeln. Die hier behandelte Frage nach dem eigentlichen Subjekt der verfassunggebenden Gewalt, der Gewalt also, der das Grundgesetz letztlich auch heute noch seine Geltung verdankt, wird in den meisten verfassungsgeschichtlichen Darstellungen neueren Datums allerdings zumeist völlig ausgeklammert. Ob es sich bei dem Grundgesetz, das damals erklärtermaßen nicht »durch«, sondern laut Präambel »für« das deutsche Volk erlassen wurde,[23] um eine oktroyierte, paktierte oder originär vom Volk legitimierte Verfassung handelt, ist für die heutige Wissenschaft kein Thema mehr.[24] Kann das richtig sein: bedarf, um mit den Worten von Rudolf Morsey zu fragen, »Verfassungsschöpfung unter Besatzungsherrschaft, Demokratiegründung durch Erziehungsdiktatur [… nicht einer] besonderen Legitimation«?[25]

Nicht nur, aber eben gerade auch deshalb, weil die Einflussnahme der Alliierten auf die Entstehung des Grundgesetzes so freimütig

---

23 Die Weimarer Reichsverfassung nahm in der Präambel für sich Anspruch, die Verfassung »des« deutschen Volkes zu sein, während es in der Präambel des Grundgesetzes heißt, letzteres sei die Verfassung »für« das deutsche Volk. Insoweit gingen die Bonner Grundgesetzväter damals selbst ersichtlich nicht davon aus, dass das Grundgesetz auf einer demokratischen Legitimation beruhte. Friedrich Giese, der erste juristische Kommentator des Grundgesetzes, brachte dies auf den Punkt, als er feststellte: »Im Anfang war die Weisung« (ders.: Grundgesetz für die Bundesrepublik Deutschland. Staatsrechtlich erläutert. 2. Aufl. Frankfurt/Main 1951, S. 15).

24 Auf die daraus resultierenden Forschungslücken wies Hans-Peter Schwarz in seinem Buch *Vom Reich zur Bundesrepublik. Deutschland im Widerstreit der außenpolitischen Konzeptionen in den Jahren der Besatzungsherrschaft 1945–1949* (2. Aufl. Stuttgart 1980) hin: »Auch die für die Bundesrepublik so entscheidende Londoner Sechsmächtekonferenz von Februar bis Juni 1948 [… hat] noch keine systematische Darstellung gefunden. Nicht einmal die in den Dokumentensammlungen *Foreign Relation of the United States* (FRUS) veröffentlichten Quellen sind schon zusammenfassend ausgewertet.« (Vorwort, S. XXXVI).

25 Rudolf Morsey: »Verfassungsschöpfung unter Besatzungsherrschaft«, in: *DöV*, 1989, S. 474.

eingestanden wird, soll im Folgenden insbesondere der Frage nachgegangen werden, in welcher Form und mit welchem Ergebnis sich diese Einflussnahmen auf den politischen Willen und die rechtlichen Grundentscheidungen der Deutschen über ihre neue staatliche Ordnung ausgewirkt haben. Nach dem Urteil zweier prominenter Zeitgenossen muss dieser Einfluss jedenfalls beträchtlich gewesen sein. So liest man in den *Erinnerungen* von Carlo Schmid kurz und bündig, dass das Grundgesetz ohne die entsprechenden Interventionen der Alliierten »in mancher Hinsicht anders ausgesehen« hätte.[26] Noch deutlicher ging Konrad Adenauer, allerdings erst nach seinem Rücktritt als Bundeskanzler, darauf ein: »Die [Verfassung] ist sehr schlecht! Die haben uns die Amerikaner und die Franzosen aufgezwungen.« Man sei, so Adenauer damals, der Auffassung gewesen, die Wiedervereinigung werde in zwei bis fünf Jahren kommen. In dieser Lage sei das Grundgesetz als das kleinere Übel erschienen, weil man geglaubt habe, es werde in einigen Jahren von einer Verfassung abgelöst werden, »frei, wie wir sie wollen und wie wir sie für richtig halten«.[27]

---

26 Carlo Schmid: Erinnerungen. Bern/München/Wien 1979, S. 369: »So stand von vornherein fest, dass unsere Entscheidungsfreiheit uns nur Regelungen erlauben würde, die dem nicht widersprachen, was die Alliierten als ihren eigenen politischen Vorstellungen konform ansahen. Dass die Alliierten bei ihren Vorstellungen ausschließlich bedachten, welche Institutionen den Deutschen am zuträglichsten sein könnten, war nicht anzunehmen; realistischer war davon auszugehen, dass sie dabei auch ihre eigenen Interessen im Auge hatten.« Volker Schockenhoff stellt dazu ebenfalls fest, dass die endgültige Gestalt des Grundgesetzes durch die Interventionen der Besatzungsmächte »nicht unerheblich beeinflusst« wurde (ders.: Wirtschaftsverfassung und Grundgesetz. Frankfurt/Main 1986, S. 251).

27 Zit. n. Hans-Jürgen Grabbe: »Die deutsch-alliierte Kontroverse um den Grundgesetzentwurf im Frühjahr 1949«, in: *VfZ*, Jg. 26 (1978), S. 401, Fn. 33; vgl. auch Theodor Eschenburg: Jahre der Besatzung 1945–1949 [= Geschichte der Bundesrepublik Deutschland, Bd. 1]. Stuttgart u. Wiesbaden 1983, S. 512: »Artikel 79 Abs. 3 ist eine ›Ewigkeitsentscheidung‹ für das Provisorium. Das zeigt, dass der Parlamentarische Rat trotz des Verfassungsperfektionismus mit einer relativ kurzen Dauer des Provisoriums gerechnet hat.«

II INTERNATIONALE RAHMENBEDINGUNGEN

Zwischen den Jahren 1945 und 1949, die wohl zu Recht als die »Inkubationsphase der neuen Weltpolitik« (Waldemar Besson)[28] bezeichnet werden, bildete sich in Deutschland »eine Art Subsystem der neuen bipolaren Weltpolitik, die erste und wichtigste Unterabteilung des kalten Krieges« heraus.[29] Der Antagonismus zwischen den Gesellschaftssystemen der USA und der UdSSR sowie der daraus folgende Interessengegensatz in deren Außenpolitik führte zur Spaltung der Welt und damit zur Teilung Deutschlands, die zonal bereits im Jahr 1945 bewirkt worden war. In diesem Spannungsfeld sind die Determinanten der deutschen Entwicklung nach 1945 zu suchen, ist der Spielraum der damals handelnden deutschen Politiker, die Entstehung der Bundesrepublik Deutschland sowie deren Grundgesetz zu verorten.

Auf die internationalen Bedingungen, die diese Situation zementierten, hatten die Deutschen damals keinen Einfluss:

> »Das internationale Umfeld der Bundesrepublik Deutschland wurde in erster Linie durch die USA gebildet. Sie hatten den Ausgang des Kampfes gegen das Dritte Reich entscheidend bestimmt; sie wurden, als Vormacht des westlichen Lagers, bestimmend bei der Gründung, dem Aufbau und der Entwicklung des westdeutschen Staates.«[30]

---

28 Waldemar Besson: Die Außenpolitik der Bundesrepublik. Erfahrungen und Maßstäbe. München 1970, S. 22.

29 Ebenda, S. 24.

30 Ernst-Otto Czempiel: »Die Bundesrepublik und Amerika: Von der Okkupation zur Kooperation«, in: Richard Löwenthal/Hans-Peter Schwarz (Hg.): Die zweite Republik. 25 Jahre Bundesrepublik Deutschland – eine Bilanz. Stuttgart 1974, S. 554.

Die Ausgangslage zu Beginn des Jahres 1948 lässt sich in Bezug auf Deutschland so zusammenfassen, dass für die Interessenlagen des »Westens« und des »Ostens« ein gemeinsamer Nenner nicht mehr gefunden werden konnte. Die USA berieten ohne Beteiligung der Sowjetunion mit ihren westlichen Verbündeten in London. Erklärtes Ziel war, aus den drei Westzonen kurzfristig einen Weststaat zu schaffen. Namhafte Zeitgenossen fühlten sich dabei an die Verhandlungen nach Ende des Ersten Weltkrieges in Versailles erinnert, als ebenfalls nicht mit, sondern über die Deutschen verhandelt worden war.[31] Hier wie dort ließ man die Deutschen dann auch erst nachträglich an den Ergebnissen dieser Planung teilhaben.

1. BEGINN DES OST-WEST-KONFLIKTS: ›DEUTSCHLAND‹ IM KALTEN KRIEG

Ende der One-World-Koalition

Spätestens zur Jahreswende 1947/48 stand fest, dass die drei Westmächte und die Sowjetunion ihre Vorstellungen über ›Deutschland‹ nicht mehr auf einen gemeinsamen Nenner bringen konnten. Das erste Anzeichen des Scheiterns einer Fortsetzung der bis dahin praktizierten Vier-Mächte-Politik war mit dem abrupten Abbruch der fünften Konferenz des Rats der Außenminister in London am 15. Dezember 1947 sichtbar geworden. Das darauffolgende Jahr 1948, »ein Schicksalsjahr, das diese Bezeichnung wahrhaft verdient« (Hans-Peter Schwarz)[32], markierte dann den endgültigen Zerfall der »One World«-Politik der siegreichen Weltkriegskoalition. Wie tief die Zerrüttung untereinander

---

31 Adenauer schrieb am 7.6.1948 in einem Brief, dass er die Londoner Empfehlungen für »katastrophal« halte. Der Versailler Vertrag sei dagegen ein »Rosenstrauß«. Vgl. Konrad Adenauer: Briefe 1947–1949. Bearb. Hans Peter Mensing. Berlin 1984, S. 272. Adenauer versuchte damals auch den Parteivorstand der SPD zur Abgabe einer gemeinsamen Protesterklärung zu bewegen. Dies kam jedoch nicht zustande. Vgl. hierzu Petra Weber: Carlo Schmid 1896–1979. Eine Biographie. München 1996, S. 330 ff.

32 Hans-Peter Schwarz: »Die außenpolitische Grundlage des westdeutschen Staates«, in: Löwenthal/Schwarz (Hg.), a. a. O., S. 29.

zu dieser Zeit bereits gediehen war, dokumentierte Anfang 1948 nach außen vor allem die Londoner Sechs-Mächte-Konferenz.[33] Auf dieser Konferenz, die in zwei Etappen vom 23. Februar bis zum 6. März und vom 20. März bis zum 1. Juni 1948 stattfand, berieten die USA, Großbritannien, Frankreich, Belgien, Luxemburg und die Niederlande unter der Leitung des amerikanischen Botschafters in London, Lewis Douglas, erstmals ohne die UdSSR über die Zukunft Deutschlands. Der Bruch der Westalliierten mit den Russen war damit nach außen hin sichtbar vollzogen.

War die Wiedervereinigung Deutschlands für die Alliierten bis dahin zumindest noch eine denkbare Option gewesen, so wurde mit der Londoner Konferenz eine Entwicklung in Gang gesetzt, die den Weg der Deutschen vom »Reich zur Bundesrepublik« (Hans-Peter Schwarz) zementierte.[34] Schon die insbesondere zu ihren Lasten ergangenen

---

33 Gerd Wehner: Die Westalliierten und das Grundgesetz 1948–1949. Die Londoner Sechsmächtekonferenz. Freiburg 1994.

34 Vgl. Schwarz, Vom Reich zur Bundesrepublik, a.a.O. Auf die Berliner Blockade kann in diesem Rahmen nicht näher eingegangen werden. Festgestellt werden muss allerdings, dass der Grund für diese Blockade in der Londoner Konferenz und deren Beschlüsse und nicht etwa in der Währungsreform, die in der Forschung oftmals angeführt wird, gesehen werden muss. Deutlich wird dieser Zusammenhang, wenn man sich die Gespräche der Westmächte mit der Sowjetunion ansieht, in denen letztere immer wieder hervorhob, dass sie sich vor allem durch die Londoner Empfehlungen veranlasst gesehen hätte, zu ihrer Gegenreaktion zu schreiten. Vgl. Wehner, a.a.O., S. 241 ff. Während eines Gesprächs, dass Stalin am 3.8.1948 mit den drei westlichen Botschaftern im Kreml führte, sind von diesem die verschiedenen Faktoren benannt worden, durch die sich die Sowjetunion damals dazu veranlasst sah, die Berlin-Blockade durchzuführen; nämlich technische Gründe, wie die Abwanderung von Anlagevermögen nach dem Westen und die Londoner Empfehlungen. Um nicht missverstanden zu werden, hob Stalin bei diesem Gespräch nochmals den Stellenwert hervor, den gerade letzteres im Kalkül der russischen Deutschlandpolitik einnahm: »[Stalin] proposed that the London decisions be suspended until a four power meeting took place to try to reach agreement. Maybe agreement would be reached, but if the London decisions had already been put into effect, there would be nothing to discuss. He therefore proposed the temporary suspension of the London

Beschlüsse von Teheran, Jalta und Potsdam waren ohne Rücksichtnahme auf das Selbstbestimmungsrecht der Völker, über deren Schicksale damit letztlich entschieden wurde, gefasst worden. Ging es in diesen aber stets um Deutschland, änderte sich der zeitgenössische Begriffsgebrauch dahin, dass es den (West-)Alliierten ab dato vor allem um Westdeutschland und »Deutschland als Ganzes« ging.[35] Klare Aussagen dazu, was mit der letztgenannten Formel eigentlich gemeint sein sollte, vermied man seitdem allerdings.

Im Jahr 1948 wurde die deutsche Frage endgültig zum Objekt uneingeschränkter Machtpolitik der Hauptsiegermächte gegeneinander. Das Ziel der USA war, die Russen um jeden Preis aus ihrer Einflusssphäre zurückzudrängen. Für die Deutschen in den drei Westzonen verhieß das zwar wirtschaftlichen Wiederaufbau, Sicherung einer gewissen politischen Stabilität, territoriale Integrität und langfristig einen eigenen militärischen Beitrag im westlichen Verteidigungsbündnis. Das wiederum waren aber alles Entscheidungen, die zwangsläufig zur Spaltung Deutschlands führen mussten, auch wenn man diesen Widerspruch dadurch aufzuheben versuchte, dass man Westintegration und Wiedervereinigung miteinander zu koppeln suchte, nur eben zeitlich voneinander getrennt.[36]

Dass die Gegensätzlichkeit der Systeme einer langfristigen Verbindung von Ost und West diametral entgegenstand, dürfte heute außer Zweifel stehen.[37] Die USA wollten in ihrem Teil Deutschlands ein

---

decisions, as well as the abolition of special currency in Berlin, simultaneously with the abolition of Soviet restrictive measures.« Zit. n. »The ambassador in the Sovietunion (Smith) to the Secretary of State«, in: FRUS 1948, II, S. 1000 f.

35 Vgl. hierzu Ernst Deuerlein: Deklamation oder Ersatzfrieden? Die Konferenz von Potsdam 1945. Stuttgart 1970.

36 Besson, a.a.O., S. 32.

37 Georg F. Kennan kritisierte bereits damals die übliche Verwendung nichtssagender Globalformeln, durch die bestehende Dissense verdeckt werden sollten. In seinen *Memoiren* schrieb er: »Die unpräzise Ausdrucksweise, die Verwendung so dehnbarer Begriffe wie ›demokratisch‹, ›friedlich‹, ›gerecht‹ in einem Abkommen [gemeint ist das Potsdamer Abkommen, d. Verf.] mit den Russen lief allem direkt zuwider, was 17 Jahre Russlanderfahrung mich über

parlamentarisches System errichten, um es auf Dauer in den Kreis der »westlichen Demokratien« (Ernst Fraenkel) zu integrieren. Ein Plan, der von Großbritannien und Frankreich mehr oder minder unterstützt wurde. Die Sowjetunion verfolgte hingegen von Anfang an den Plan, ihr eigenes, dem Westen entgegengesetztes gesellschaftliches System auf Deutschland zu übertragen. Aus taktischen Überlegungen hatte sie dieses Ziel zunächst bloß zugunsten einer Zusammenarbeit mit den Westalliierten zurückgestellt. Offensichtlich war man auf russischer Seite damals vor allem daran interessiert, Vereinbarungen zu treffen, die einerseits die Kompetenzen in der eigenen Besatzungszone nicht gefährdeten, andererseits es aber auch gestatteten, mit Hilfe interalliierter Verabredungen über allgemeine Handlungsanleitungen für alle Besatzungsbehörden Einfluss auf die Entwicklung (und die Demontage) in den Westzonen zu erlangen.

Französische Blockadehaltung

Noch bevor der sich im Laufe des Jahres 1948 verschärfende Ost-West-Gegensatz seine volle Wirkung für die Einheit Deutschlands entfalten konnte, war der Plan einer Reorganisation Gesamtdeutschlands bereits aus einem anderen Grund gescheitert: nämlich an der damaligen Politik Frankreichs, das zwar erst nach der Potsdamer Konferenz in den Alliierten Kontrollrat in Berlin aufgenommen worden war, dort

---

die Technik des Verhandelns mit den Russen gelehrt hatten. […] Jeder Mensch in Moskau hätte unseren Unterhändlern sagen können, was die sowjetische Führung unter ›demokratischen Parteien‹ verstand. Die Irreführung der Öffentlichkeit in Deutschland und dem Westen durch Verwendung eines solchen Ausdrucks […] ließ sich selbst mit allergrößter Naivität nicht entschuldigen.« (Ders.: Memoiren eines Diplomaten. Memoirs 1925–1950. Stuttgart 1968, S. 262 ff.) In der KPD-Entscheidung vom 17.8.1956 führte das BVerfG zum selben Themenkomplex aus, dass für den Demokratiebegriff des Grundgesetzes aus dem Potsdamer Abkommen positiv nichts zu gewinnen sei. Die Begriffe »Demokratie« und »demokratisch« dienten lediglich dazu, eine negative Abgrenzung zum eben beseitigten nationalsozialistischen System zu vollziehen. Mehr als diese Bestimmung sei den Begriffen nicht zu entnehmen, so BVerfGE 5, S. 120.

aber bereits seit dem Herbst 1945 alle Ansätze zur Neubildung einer gesamtdeutschen Organisationsform durch sein Veto blockierte.[38] An dem schon recht frühzeitigen Auseinanderfallen jeglicher überzonalen Organisation in Deutschland hatten also nicht allein die Russen ihren Anteil. Primär waren hierfür die von Frankreich vordergründig ins Feld geführten Sicherheitsbedürfnisse verantwortlich. »Die Russen«, konstatierte Robert Murphy, »konnten in aller Ruhe mit ansehen, wie die Franzosen ihnen ihre Arbeit abnahmen.«[39]

Die französischen Vorbehalte bezogen sich insbesondere auf die in den »Politischen Grundsätzen« der Potsdamer Erklärung vorgesehene Bildung zentraler deutscher Verwaltungsstellen (Staatssekretariate).[40] Diese sollten für das gesamte deutsche Gebiet zuständig und unter dem Kontrollrat tätig werden, hätten somit also einen ersten Ansatz zur Reorganisation der Gesamtstaatlichkeit dargestellt. Weitere Einwendungen gab es gegen die Wiederherstellung einer zentralen Regierung in Berlin sowie die Zulassung politischer Parteien in den Ländern und den Zonen.[41]

Der Einrichtung deutscher Zentralverwaltungen, die Amerikaner, Russen und Briten gemeinsam befürworteten, wollte Frankreich grundsätzlich erst dann zustimmen, wenn seine Sicherheit garantiert sei.

---

38 Das französische Deutschlandbild war damals, getragen von fragwürdigen völkerpsychologischen Deutungen, so verzerrt, dass aus Paris kaum etwas anderes als eine »unbarmherzige Sicherheits- und Reparationspolitik« zu erwarten war. Vgl. Schwarz, Vom Reich zur Bundesrepublik, a.a.O. John H. Backer weist in *Die Entscheidung zur Teilung Deutschlands* (München 1978) darauf hin, dass de Gaulle damals von »einer fast panischen Furcht« vor der Errichtung einer deutschen Zentralregierung besessen war, da diese nach dessen Worten »unweigerlich in sowjetische Hände fallen würde [… und] Frankreich wäre auf keinen Fall einem wiederbelebten Deutschland innerhalb der sowjetischen Einflusszone gewachsen« (S. 129).

39 Robert Murphy: Diplomat unter Kriegern. Berlin 1965, S. 370.

40 Vgl. hierzu Thilo Vogelsang: »Die Bemühungen um eine deutsche Zentralverwaltung 1945/46«, in: *VfZ*, Jg. 18 (1970), S. 510 ff.; Backer, Die Entscheidung, a.a.O., S. 131.

41 Vgl. Schwarz, Vom Reich zur Bundesrepublik, a.a.O., S. 189 f.

Konkret hieß das, dass von der zu bildenden Verwaltungsorganisation das Ruhrgebiet, das Saar- und das Rheinland vorher entweder wirtschaftlich oder in derselben Weise vom Deutschen Reich abgetrennt werden sollte, wie dies im Fall der deutschen Ostgebiete jenseits von Oder und Neiße bereits geschehen war.[42] Die Erfüllung dieser Forderungen lehnten damals sowohl die Briten als auch die Amerikaner ab, was dazu führte, dass die Franzosen die von ihnen kontrollierte Besatzungszone, die immerhin 15 Prozent des Territoriums und 11 Prozent der Bevölkerung Westdeutschlands ausmachte, 1948 nicht in die Organisation der Bizone einbrachte.

2. LONDONER KONFERENZ

Auftrag zur Staatsgründung

Dass die Westalliierten in London alleine über eine politische Verselbständigung und zonenübergreifende Integration der von ihnen kontrollierten Besatzungszonen berieten, betrachteten die Russen als schweren Affront, weshalb sie umgehend Protest dagegen erhoben. Um diesem weiteren Nachdruck zu verleihen, verließ am 20. März 1948 der sowjetische Vertreter im Berliner Kontrollrat, Marschall Sokolowski, die Sitzung. Aus Sicht der UdSSR, so stellte er dabei fest, hätten die Westmächte mit den Londoner Beschlüssen, die sich mit der künftigen Gestaltung der drei westlichen Besatzungszonen befassten, das Abkommen über das Kontrollverfahren verletzt. Weitere Sitzungen des Kontrollrates fanden hiernach in Berlin bis ins Jahr 1990 nicht mehr statt, so dass es kein beschlussfähiges Organ in Sachen Deutschland-Planung mehr gab, in dem alle vier Siegermächte gemeinsam vertreten waren.

So wie in London berieten und beschlossen der »Westen« und »Osten« fortan die Leitlinien ihrer zonalen Politik autonom. Mit dem Entschluss zur Gründung eines Weststaates sowie der Durchführung

42 Walter Vogel: »Deutschland, Europa und die Umgestaltung der amerikanischen Sicherheitspolitik 1945–1949«, in: *VfZ*, Jg. 19 (1971), S. 65; Heinrich Küppers: »Wollte Frankreich das Saarland annektieren?«, in: *Jahrbuch für westdeutsche Landesgeschichte*, Bd. 9 (1983), S. 345 ff.

einer separaten Währungsreform in den Westzonen,[43] auf die die UdSSR am 24. Juni 1948 mit der vollständigen Blockade aller Land- und Wasserzufahrtswege nach Westberlin reagierte,[44] die die Westalliierten wiederum mit der »Luftbrücke« beantworteten,[45] war die innere Spaltung Deutschlands für Jahrzehnte vollzogen.

---

43 Über die Vorbereitung, Bekanntmachung und Durchführung der Währungsreform in den drei westlichen Besatzungszonen sind noch immer nicht alle Fakten bekannt. Dem Vernehmen nach war es jedoch Ludwig Erhard, der in seiner Eigenschaft als Direktor der bizonalen Wirtschaftsbehörde am 18. Juni 1948 von General Clay als erster Deutscher über die bevorstehende Einführung der Deutschen Mark unterrichtet wurde. Erhard wollte hiernach eigentlich zurücktreten, weil man ihn als Wirtschaftsdirektor nicht hinreichend eingeweiht hatte. Erst als er am Nachmittag weitere Einzelheiten erfuhr, entschloss er sich zu einer anderen Reaktion. Er verlas an diesem Abend, einem Freitag, im Hessischen Rundfunk seine wöchentliche Ansprache und verkündete dort die Währungsreform so, als ob sie auf seine Veranlassung erfolgen würde. Clay war überrascht, nahm das aber hin und versprach ihm am folgenden Tag sogar, dass er niemandem die Wahrheit sagen würde, wenn Erhard selbst Stillschweigen bewahren würde. Und in der Tat sind diese Einzelheiten erst nach dem Tode Clays bekannt geworden. Vgl. John H. Backer: Die deutschen Jahre des General Clay. Der Weg zur Bundesrepublik 1945–1949. München 1983, S. 259.

44 Die Berliner Blockade stellte sich nicht nur als kolossaler Fehlschlag für die Sowjets heraus, sie war auch ein beschleunigender Hauptfaktor in einer Kausalkette, die zur Bildung der westlichen Allianz führte. Der amerikanische Militärgouverneur apostrophierte die Blockade damals als »das Dümmste«, »was die Russen machen konnten.« Denn, so Clay weiter: »Die Luftbrücke und unsere vernichtende Gegenblockade hatten den Effekt, den Franzosen zu zeigen, wo die Hauptbedrohung ihrer Sicherheit lag, und auf Dauer dazu zu bringen, sich an der Errichtung einer westdeutschen Regierung zu beteiligen und Schritte zu einer französisch-deutschen Annäherung zu unternehmen.« (Zit. n. Martin J. Hillenbrand: »Berlin: Politische Situation, Sicherheit und symbolische Bedeutung«, in: ders. (Hg.): Die Zukunft Berlins. Berlin 1981, S. 19).

45 Die sog. Luftbrücke hat in der bundesdeutschen Geschichtsschreibung ihren festen Platz. Dies aber nicht unbedingt, weil sich diese in Zeiten des Kalten Krieges hervorragend als antikommunistisches Propagandamittel instrumentalisieren ließ. Der Grund ist schlichtweg der, dass es sich dabei um das zentrale Ideologem, quasi den Gründungsmythos der deutsch-amerikanischen Freundschaft handelt.

Die Londoner Konferenz, die ja zur unmittelbaren Vorgeschichte der Bundesrepublik Deutschland gehört, ist zwischenzeitlich auf Basis (un-)veröffentlichten Aktenbestandes umfangreich untersucht worden.[46] Neben vielem anderen arbeitete der Historiker Gerd Wehner in diesem Zusammenhang heraus, dass es vor allem die Amerikaner waren, die zu diesem relativ frühen Zeitpunkt sowohl über konkrete Vorstellungen hinsichtlich des staatsorganisatorischen Aufbaus eines Weststaates als auch über einen Zeitplan für dessen Gründung verfügten. So planten sie dessen Gründung ursprünglich bereits für den 18. Mai 1948, den hundertsten Jahrestag der Revolution von 1848. Bis zu diesem symbolträchtigen Datum, führte der amerikanische Delegierte Litchfield am 22. März 1948 in der ersten Arbeitsgruppensitzung aus, sollte eine provisorische westdeutsche Regierung im Amt sein und ein Besatzungsstatut erlassen sein.[47]

Die französischen Delegierten, die mit der Bekanntgabe eines solchen Zeitplans nicht gerechnet hatten, sahen sich überrumpelt und zogen sich unter Hinweis auf fehlende Vollmachten ihrer Regierungen vorübergehend aus den Verhandlungen zurück.[48] Dieser Konflikt hielt damals bis zum 8. April an. An diesem Tag ließ General Clay den Generalen Robertson und Koenig ein Memorandum zukommen, das einen längeren Zeitplan beinhaltete. Unter anderem führte dies dann zum Einlenken der französischen Seite und später zu den »Londoner Empfehlungen« der bis zum 1. Juni 1948 tagenden Sechs-Mächte-Konferenz.

Druck auf Frankreich

Um Frankreich entsprechend zu motivieren, waren von der Diplomatie der USA bereits im Vorfeld der Londoner Konferenz starke wirtschaftliche Druckmittel (Marshall-Plan u. a.) ins Spiel gebracht worden. Zeitnah vor Beginn der Konferenz über Deutschland hatte man deshalb auch das Abkommen über die wirtschaftliche Angliederung des

46 Vgl. Wehner, a.a.O.

47 Vgl. ebenda, S. 81 ff.; der Abdruck des Dokuments findet sich auf S. 87.

48 Vgl. dazu FRUS 1948, II, S. 151 ff. u. 154 f.

Saargebietes an Frankreich, die bis in das Jahr 1959 aufrecht blieb.[49] Dennoch schienen Amerikaner und Briten auf der Londoner Konferenz mehr als einmal dazu gezwungen zu sein, die erstrebte große Lösung fallen zu lassen und allein den staatlichen Ausbau der Bizone voranzutreiben.[50] Um dies zu vermeiden, waren die Briten in London schließlich bereit, den Franzosen in vielen Fragen bis an die Grenze des Möglichen – wie sie fanden – entgegenzukommen; im Ganzen hat sich am Ende jedoch die Konzeption der Amerikaner durchgesetzt.[51]

Dass sich Frankreich aus »politischer Einsicht und wirtschaftlicher Notwendigkeit« heraus am Ende der Londoner Konferenz dazu gezwungen sah, die Empfehlung zur Gründung eines deutschen Weststaates grundsätzlich mitzutragen,[52] kann als Erfolg der amerikanischen Seite angesehen werden. Mit der französischen Zustimmung war den bis dahin latent vorhandenen Annexionsplänen im Westen eine klare Absage erteilt. Ausgenommen hiervon blieb lediglich das Saargebiet, über dessen weitere Zukunft keine Verständigung hatte stattfinden können.

Die Planungen der USA sind von der französischen Regierung schlussendlich deshalb akzeptiert worden, weil Amerikaner und Briten den Franzosen deutliche Zugeständnisse in der Ruhr- und Sicherheitsfrage gemacht haben.[53] Konkret bedeutete dies, dass der zu gründende deutsche Weststaat durch das Europäische Wiederaufbauprogramm, die französische Verwaltung des Saarlandes, die Ruhrkontrolle und die Beteiligung der Beneluxstaaten einen umfassenden Sicherheitsrahmen erhielt. Durch das Besatzungsstatut und die internationale Ruhrbehörde wurde dieser zusätzlich politisch und wirtschaftlich in übernationalen Verflechtungen dauerhaft eingebunden.[54]

---

49 Vgl. FRUS 1947, III, S. 786 ff.

50 Vgl. PR, Bd. 1, S. XVII, und ebenfalls die Korrespondenz des damaligen US-Botschafters in London Douglas mit Marshall, in: FRUS 1948, II, S. 275.

51 Vgl. Wehner, a.a.O.

52 Sörgel, a.a.O., S. 43 f.

53 Vgl. Oswald Post: Zwischen Sicherheit und Wiederaufbau. Die Ruhrfrage in der alliierten Diskussion 1945–1949. Gießen 1986.

54 Wehner, a.a.O., S. 329 ff.

Vager Kompromisskatalog

Dass das Abschlusskommuniqué der Londoner Konferenz im Ergebnis recht unscharf und zurückhaltend ausfiel, kann eingedenk des skizzierten amerikanisch-französischen Gegensatzes, der sich auch nach Einberufung des Parlamentarischen Rates noch fortsetzen sollte, nicht überraschen. Das Dokument war bewusst unklar und interpretationsbedürftig gehalten, um der französischen Seite die Zustimmung zur Errichtung eines deutschen Weststaates zu erleichtern, ohne die USA allzu eng festzulegen und der deutschen Seite allzu detaillierte Vorgaben zu machen. Inhalt und Struktur des Londoner Abkommens gleichen daher mehr einem Kompromisskatalog, mit dem sich die Beteiligten nicht präjudizieren. So hat man sich am Ende nur darauf geeinigt, den Erlass einer Verfassung zuzugestehen, die so beschaffen sein sollte,

> »dass sie es den Deutschen ermöglicht, ihren Teil dazu beizutragen, die augenblickliche Teilung Deutschlands wieder aufzuheben, allerdings nicht durch die Wiedervereinigung eines zentralistischen Reichs, sondern mittels einer föderativen Regierungsform, die die Rechte der einzelnen Staaten angemessen schützt und gleichzeitig eine angemessene zentrale Gewalt vorsieht und die Rechte und Freiheiten des Individuums garantiert«.[55]

3. DIE »FRANKFURTER DOKUMENTE«

Erteilung des Auftrags

Auf Grundlage des Londoner Abkommens übergaben die Militärgouverneure der drei Westzonen am 1. Juli 1948 den Ministerpräsidenten der westdeutschen Länder die »Dokumente zur künftigen politischen

---

55 So das Schlusskommuniqué der Londoner Sechs-Mächte-Konferenz über Deutschland, in: PR, Bd. 1, S. 4: »This constitution should be such as to enable the Germans to play their part in bringing to an end the present division of Germany not by reconstitution of a centralized Reich but by means of a federal form of government which adequately protects the rights of respective states and which at the same time provides for adequate central government and which guarantees the rights and freedoms of the individual.«

Entwicklung Deutschlands« kurz: »Frankfurter Dokumente«[56]. Die Übergabeprozedur war steif und wirkte fast demütigend auf die geladenen Deutschen. Jeder der Militärgouverneure verlas eines der Dokumente und übergab dieses anschließend. In besonders scharfem Ton verkündete zuletzt General Koenig das Dokument Nr. 3, das Grundsätze für ein zukünftiges Besatzungsstatut enthielt.

Inhaltlich wiederholten die »Frankfurter Dokumente« in großen Zügen die Formulierungen aus dem Londoner Schlusskommuniqué. Vorab hatte man dieses allerdings noch von einer alliierten Arbeitsgruppe redigieren lassen, um den Deutschen die Vorschläge quasi schmackhaft zu machen (»in order to make them more palatable to German leaders«).[57] Bei zu detaillierten Vorgaben bestand nach Ansicht der alliierten Militärgouverneuren die Gefahr, dass die Deutschen die »Frankfurter Dokumente« als Verfassungsdiktat interpretieren würden. Sowohl die Teilung Deutschlands als auch ein Verfassungsdiktat, so vermutete der amerikanische Militärgouverneur Clay damals wohl nicht zu Unrecht, seien den Deutschen gleichzeitig nicht vermittelbar.[58] Clay bestand auf flexibleren Formulierungen: »I think we are going into far so much detail. We will be writing – and not the Germans – their Constitution.«[59]

Inhaltliche Vorgaben

Bei den »Frankfurter Dokumenten« handelt es sich insgesamt um drei Schriftstücke. Das Dokument Nr. 1 befasst sich mit den Bestimmungen zur Einberufung einer Verfassunggebenden Versammlung und der dort auszuarbeitenden Verfassung, Dokument Nr. 2 mit der Möglichkeit einer Neugliederung der westdeutschen Bundesländer und Dokument Nr. 3 mit den Grundzügen eines Besatzungsstatuts. Ein ursprünglich

---

56 Abgedruckt in: PR, Bd. 1, S. 30 ff. Von deutscher Seite wurden die Dokumente anfangs noch als unzureichende Grundlage kritisiert. Vgl. Adenauer, Erinnerungen, a.a.O., S. 141.

57 Murphy an Secretary of State am 10.6.1948, in: FRUS 1948, II, S. 375.

58 Vgl. Douglas an Secretary of State am 20.5.1948, in: FRUS 1948, II, S. 263.

59 Clay an Litchfield am 9.3.1948, zit. n. Schrockenhoff, a.a.O., S. 137.

als Dokument Nr. 4 vorgesehenes Papier, in dem es um die Art und Weise der »Beratung« und »Unterstützung« der einzuberufenden Versammlung durch alliierte Verbindungsoffiziere geht, wurde lediglich als Beilage zu Dokument Nr. 3 übergeben.[60] Grund hierfür war, dass das deutsch-alliierte Zusammenwirken der Öffentlichkeit gegenüber so unscheinbar wie möglich bleiben sollte.

Das thematisch sicherlich bedeutsamste Dokument Nr. 1 enthält folgende Festlegung:

> »Die verfassunggebende Versammlung wird eine demokratische Verfassung ausarbeiten, die für die beteiligten Länder eine Regierungsform des föderalistischen Typus schafft, die am besten geeignet ist, die gegenwärtig zerrissene deutsche Einheit schließlich wieder herzustellen, und die Rechte der beteiligten Länder schützt, eine angemessene Zentralinstanz schafft und die Garantien der individuellen Rechte und Freiheiten enthält. Wenn die Verfassung [...] mit diesen allgemeinen Grundsätzen nicht in Widerspruch steht, werden die Militärgouverneure ihre Vorlage zur Ratifizierung genehmigen. [...] Die Ratifizierung in jedem beteiligten Land erfolgt durch ein Referendum.«[61]

Hiernach würde dann die Genehmigung durch die Militärgouverneure erfolgen, sofern die gemachten Auflagen angemessen erfüllt wären.

Die Ministerpräsidenten (und nicht etwa die Parteivorsitzenden), denen mangels Vorhandenseins einer gesamtdeutschen Vertretung damals faktisch die Funktion von »Treuhändern der deutschen Politik« zukam,[62] wurden durch die »Frankfurter Dokumente« zur verfahrensmäßigen Vorbereitung der Einberufung einer »verfassunggebenden Versammlung« (constituent assembly) autorisiert. Um jedes Risiko zu

---

60 PR, Bd. 1, S. 36; vgl. Murphy an Secretary of State am 10.6.1948, in: FRUS 1948, II, S. 375.

61 PR, Bd. 1, S. 30 ff.

62 Vgl. Rudolf Morsey: »Zwischen Bayern und der Bundesrepublik. Die politische Rolle des bayerischen Ministerpräsidenten Hans Ehard«, in: *JZ*, 1981, S. 364.

vermeiden, war dieser Auftrag so abgefasst, dass deren Adressaten hieraus allerdings keinen verbindlichen Anspruch auf Gründung eines Weststaates ableiten konnten. Das heißt, obwohl sich die Alliierten mit den »Frankfurter Dokumenten« für die Gründung eines Weststaates aussprachen und dazu sogar in verbindlicher Form aufforderten, hielten sie sich selbst die Möglichkeit offen, etwa bei einer Veränderung der internationalen Lage oder für den Fall, dass die innerdeutsche Entwicklung eine ihnen nicht genehme Richtung einschlagen sollte, den Verfassungsberatungsprozess zu unterbrechen oder völlig einzustellen. Denn, so stand es unmissverständlich im dritten Dokument: »Die Militärgouverneure werden die Ausübung ihrer vollen Machtbefugnisse wieder aufnehmen, falls ein Notstand die Sicherheit bedroht und um nötigenfalls die Beachtung der Verfassungen und des Besatzungsstatuts zu sichern.«[63]

Auftrag zur verfassunggebenden Versammlung

Die von den Westmächten konzipierte »verfassunggebende Versammlung« stellte keine Nationalversammlung im Sinne traditionellen Verfassungsrechts dar. Eine demokratisch legitimierte Souveränität, die zur Übernahme von Exekutivbefugnissen berechtigt hätte, stand der Versammlung nicht zu.[64] Das Mandat war inhaltlich determiniert und auf ein bestimmtes Leitbild ausgerichtet, eben auf das mit den »Frankfurter Dokumenten« vorgegebene föderal-parlamentarisch-rechtsstaatliche. Die Versammlung war als verfassungsformulierender Ausschuss konzipiert, dessen Arbeitsergebnis von den Ländern und den Westalliierten erst nachträglich durch Sanktion in den Rang einer Verfassung erhoben werden sollte. Die besonderen Anforderungen, die an eine verfassung-

---

63 PR, Bd. 1, S. 34.

64 Die Abgeordneten des Parlament. Rates versuchten ihre Rolle wiederholt »politischer« zu interpretieren, als dies von alliierter Seite vorgesehen war. Interventionen erfolgten daher etwa, weil den bei der Eröffnung abwesenden Berliner Vertretern angeblich zu viel Beachtung geschenkt worden sei. Ein Beileidstelegramm des Rates zur Ermordung des Präsidenten des Internationalen Roten Kreuzes rief ebensolche Verstimmung hervor wie die Kritik des Rates an Urteilen sowjetischer Militärgerichte; vgl. PR, Bd. 8, S. XXIX, u. Dok. 1 u. 8.

gebende Versammlung zu stellen sind – die eigens durchzuführende Wahl, die Unterscheidung der Verfassungsgebung von der regulären Gesetzgebung sowie insbesondere die Gewähr einer autonomen Willensentschließung des *Pouvoir Constituant* –, blieben von vornherein nur Papier. Nichtsdestotrotz wird den »Frankfurter Dokumenten« retrospektiv wohl auch nicht ganz zu Unrecht die Funktion einer »Geburtsurkunde« der Bundesrepublik Deutschland zugeschrieben.[65]

4. DEUTSCHE REAKTION: KONFERENZEN DER MINISTERPRÄSIDENTEN

Zwiespältiges Angebot

Die Reaktion der Ministerpräsidenten auf das alliierte Angebot zur Gründung eines Weststaates und das damit in Aussicht gestellte Besatzungsstatut fiel zwiespältig aus: Einerseits bedeutete die Gründung eines westdeutschen Teilstaates einen nicht zu unterschätzenden Vorteil, andererseits drohte aber gerade dadurch wiederum eine Entwicklung in Gang gesetzt zu werden, mit der die zonale Teilung Deutschlands zwangsläufig weiter zementiert werden musste.[66]

Hatte bisher kein Zweifel daran bestehen können, dass das Deutsche Reich allein aufgrund der Entscheidungen der Siegermächte aufgespalten worden war, so sollten in der Schlussphase der Aufteilung, in der es unzweifelhaft auch um die Fixierung der historischen Verantwortung ging, die (West-)Deutschen mit ins Spiel gebracht werden:

> »Während bislang in den Jahren der totalen deutschen Ohnmacht bzw. der totalen Verantwortung der Besatzungsmächte für Gesamtdeutschland die ›Schuld‹ am Auseinanderleben der Zonen, wenn man von den NS-Voraussetzungen des Gesamtgeschehenes absieht, den Besatzungsmächten […] angelastet werden konnte, musste nun bei einer Westlösung ein Teil dieser Verantwortung und im Blick auf die Teilung auch der ›Schuld‹-Problematik auf die

65 So Wagner, in: PR, Bd. 1, S. XI (LII).

66 Vgl. Eschenburg, Jahre der Besatzung, a.a.O., S. 462.

> Deutschen zukommen – und dies ausgerechnet in einer Phase, als sich erstmals in den Parteien und Ländern eine Möglichkeit zu gesamtstaatlicher Politik anzeigte.«[67]

Dass diese Aussichten bei den Beteiligten keine Begeisterungsstürme hervorriefen, dürfte nachvollziehbar sein. Zu berücksichtigen ist ebenfalls, dass die verantwortlichen Politiker Westdeutschlands zur Staatsgründung aufgefordert wurden, ohne, wie Hans-Peter Schwarz betont, »Gewissheit über das Ausmaß ihrer Kompetenzen und über die letzten Ziele der Westmächte zu haben«[68]. Die Annahme eines dergestalt im Ungewissen bleibenden Auftrags barg somit nicht nur Chancen, sondern vor allem politische Risiken.

Erste Stellungnahme

In ihrer ersten Stellungnahme zu den »Frankfurter Dokumenten«, die die Ministerpräsidenten am Ende der Tagung vom 8. bis 10. Juli 1948 im Hotel Rittersturz in Koblenz formuliert hatten,[69] versuchten sie Weigerung mit Zustimmung zu verbinden: Die Vollmachten, so erklärten sie selbstbewusst, würden angenommen, aber nur mit dem Ziel einer »kraftvollen Organisation« der deutschen Gebietsteile, die unter westalliierter Besatzung standen.

Die Einberufung einer Nationalversammlung zur Verfassungsgebung sollte vorerst zurückgestellt werden bis zu einer gesamtdeutschen Regelung und bis zur Herstellung deutscher Souveränität in »ausreichendem Maße«. Bis dahin müsse alles vermieden werden, was »die

---

67 Eberhard Pickert: »Die Bundesrepublik und Amerika: Von der Okkupation zur Kooperation«, in: Löwenthal/Schwarz, a.a.O., S. 171.

68 Schwarz, Vom Reich zur Bundesrepublik, a.a.O., S. 607; vgl. Adenauer, Erinnerungen, a.a.O., S. 153: »Die Arbeit für den Parlamentarischen Rat war dadurch sehr erschwert, dass wir den Inhalt des Besatzungsstatuts, in dem das Verhältnis der künftigen Bundesrepublik zu den alliierten Besatzungsmächten festgelegt werden sollte, nicht kannten.«

69 Antwortnote der Ministerpräsidenten der westdeutschen Besatzungszonen an die Militärgouverneure mit Stellungnahme zu den »Frankfurter Dokumenten« am 10.7.1948, in: PR, Bd. 1, S. 143 ff.

Spaltung zwischen West und Ost [...] vertiefen« und »dem zu schaffenden Gebilde den Charakter eines Staates« verleihen könnte. Daher sei es auch besser, keine »Verfassung im eigentlichen Sinne«, keine »echte« Konstituante, keine Regierung, sondern nur eine »einheitliche Verwaltungsspitze« oder allenfalls »so etwas ähnliches wie eine Regierungsgewalt« zu erschaffen. Sie plädierten für ein (räumliches) Provisorium bzw. Transitorium, für das man keine »Verfassung« verabschieden müsse. Ein »Grundgesetz«, kam man überein, sei zur Erfüllung des angestrebten Zwecks völlig ausreichend.[70]

Die von den Alliierten in Dokument Nr. 3 mitgeteilten Grundsätze für ein zukünftiges Besatzungsstatut lehnten die Ministerpräsidenten einmütig ab. Der bayerische Ministerpräsident Ehard sprach sogar von den »Anfängen eines Friedensdiktats«[71]. Stattdessen wurde beschlossen, eigene Grundsätze vorzulegen.[72] Das Deutsche Büro für Friedensfragen hatte diesbezüglich schon in einer Denkschrift vom 5. Juli 1948 Mängel der alliierten Vorschläge aufgelistet und Gegenvorschläge ausgearbeitet.[73] Hieran anschließend formulierten die Ministerpräsidenten nun ihrerseits Vorschläge, die sie recht forsch mit der Überschrift »Leitsätze für ein Besatzungsstatut« versahen. In recht unzweideutiger Weise mahnten sie darin verbindliche Regelungen, vor allem aber eine genaue Festlegung der Geltungsdauer des Besatzungsstatuts an: Eine solche politische Reaktion hatten die alliierten Militärgouverneure von den deutschen Länderchefs – die sie mehr oder minder noch immer in der Rolle von Beauftragten alliierter Politik sahen – nicht erwartet.[74]

---

70 Den Begriff ›Grundgesetz‹ brachte Max Brauer in die Diskussion ein; vgl. Eschenburg, Jahre der Besatzung, a.a.O., S. 464; vgl. hierzu PR, Bd. 1, S. 276 f.

71 Konferenz der Ministerpräsidenten der westdeutschen Besatzungszonen (8.–10.7.1948), in: PR, Bd. 1, S. 82; vgl. auch Murphy an Secretary of State am 11.7.1948, in: FRUS 1948, II, S. 393: »Germans in our zone are already beginning to refer to the London decisions in terms of Versailles.«

72 Konferenz der Ministerpräsidenten, in: PR, Bd. 1, S. 60 ff.

73 Denkschrift des Deutschen Büros für Friedensfragen zu den »Frankfurter Dokumenten« (5.7.1948), in: PR, Bd. 1, S. 36 ff.

74 So Eschenburg, Jahre der Besatzung, a.a.O., S. 462.

Vermittlung oder Konfrontation

Die Reaktion der USA auf das von den Ministerpräsidenten zu den »Frankfurter Dokumenten« entwickelte Gegenkonzept fiel zwiespältig aus. Während Robert Murphy die Koblenzer Beschlüsse positiv würdigte,[75] wurden sie vom amerikanischen Militärgouverneur Clay, der hinter der Haltung der Ministerpräsidenten eine »Verzögerungstaktik« witterte, offen abgelehnt. Seine Kritik eröffnete Clay den herbeizitierten Ministerpräsidenten bei einem Treffen am 14. Juli 1948:

> »Wie ich auch die Dinge betrachte, auf der ganzen Linie haben ihre Koblenzer Beschlüsse eine große Chance für Deutschland zerstört. […] Sie haben also mit Ihren Entschlüssen Ihre wirklichen Helfer und Freunde, die Amerikaner, brüskiert. Sie haben den Franzosen die gewünschte Gelegenheit gegeben, die mühsam erkämpfte Position im Westen wieder zu verschleppen. Sie haben den Russen den Trumpf in die Hand gegeben. Außerdem bin ich selbst durch Ihre Beschlüsse in meinen Erwartungen in Bezug auf die Haltung der Deutschen sehr enttäuscht worden, denn jetzt ergibt sich der sonderbare Zustand, dass ich als Vertreter einer Siegermacht den Deutschen Vollmachten geben will, und die Deutschen erklären, diese Vollmachten gar nicht in Anspruch nehmen zu wollen, das heißt doch insgesamt, eine schwere Enttäuschung hinnehmen müssen, die ich so leicht gar nicht verwinden kann.«[76]

---

75 Zu den Koblenzer Beschlüssen erstellte Murphy eine ausführliche Analyse für das State Department. Darin bezeichnete er den deutschen Entwurf für ein Besatzungsstatut als befriedigende Verhandlungsgrundlage. Genau betrachtet schienen die Gegenvorschläge der Substanz der Londoner Beschlüsse im Großen und Ganzen zu entsprechen, hieß es zusammenfassend. Auch sei das vorgeschlagene Grundgesetz »substantially a constitution«. Unannehmbar war lediglich der Verzicht auf »popular consent«, so Murphy an Secretary of State am 14.7.1948, in: FRUS 1948, II, S. 393 ff.

76 Aufzeichnung einer Besprechung der Ministerpräsidenten der amerikanischen Besatzungszone mit General Clay am 14.7.1948, in: PR, Bd. 1, S. 151 ff.

Die Stoßrichtung dieser Kritik war für die Anwesenden mehr als deutlich. Clay wollte, dass sich die Deutschen zu der Rolle bekannten, die ihnen seiner Ansicht nach in der Europapolitik der USA zugedacht war: der eines Kombattanten des Westens im Kalten Krieg.[77]

Einlenken in Niederwald

Nachdem bei dieser Besprechung die unterschiedlichen Standpunkte »geklärt« werden konnten, wie es in einer diplomatisch formulierten Stellungnahme hieß,[78] setzten die Ministerpräsidenten ihre Beratungen am 21. und 22. Juli 1948 auf Schloss Niederwald bei Rüdesheim fort.[79] Unter dem Eindruck der von den Militärgouverneuren geäußerten Kritik war die Neigung zum Kompromiss auf deutscher Seite deutlich gewachsen. Um ein Scheitern der Beratungen zu verhindern, waren bei dem Treffen diesmal auch alliierte Berater zugegen, die bei Rücksprachen (»Hintergrundgesprächen«) die Positionen der Militärgouverneure präzisieren sollten.[80] Der von Murphy mitgeteilte Tenor dieser Gespräche zeigt deutlich die Entschlossenheit der Amerikaner, ihr Konzept durchzusetzen:

> »1. If not they [die Deutschen, d. Verf.] will only get less. 2. They should frankly recognize split of Germany as fact. 3. They should not become in legal fantasy of ›souvereignty‹. Regardless what Germans call new government document, administrative statute, etc., it will be translated into English as ›constitution‹.«[81]

Bei ihrem zweiten Zusammentreffen rückten die Ministerpräsidenten von ihren am 10. Juli 1948 gefassten Beschlüssen deutlich ab. Das heißt, sie kamen überein, den inhaltlichen Vorgaben der »Frankfurter Dokumente« weitestgehend zu folgen. Nur in der Terminologie beharrten sie weiter darauf, keine »Verfassung«, sondern ein »Grundgesetz«

---

77 Grabbe, Unionsparteien, a.a.O., S. 151.

78 Vgl. Sörgel, a.a.O., S. 47.

79 Vgl. Grabbe, Unionsparteien, a.a.O., S. 154 ff.

80 Vgl. Sörgel, a.a.O., S. 48.

81 Murphy an Secretary of State am 9.7.1948, in: FRUS 1948, II, S. 384.

ausarbeiten zu wollen. Die einzige substantielle Abweichung bestand am Ende in dem an die Militärgouverneure herangetragenen Wunsch, das Grundgesetz nicht durch ein Plebiszit, sondern durch die Landtage ratifizieren zu lassen.

5. DILATORISCHER FORMELKOMPROMISS: »GRUNDGESETZ (VORLÄUFIGE VERFASSUNG)«

Annahme des Auftrags

Nach intensiven Verhandlungen mit den Besatzungsmächten kam es schließlich am 26. Juli 1948 in Frankfurt zu einer Einigung. Vorab hatten sich die Alliierten allerdings massiv darum bemüht,[82] die Deutschen auf den ihrer Meinung nach »richtigen« Weg zu bringen.[83] Robert Murphy hatte mit den deutschen Ministerpräsidenten verhandelt, die Verfassungsexperten der amerikanischen Militärregierung, Friedrich, Litchfield und Simons, führten ebenfalls Gespräche, »um Vorwürfe zu machen und gut zuzureden. Auch Anthony Eden (der ehemalige britische Außenminister) reiste herum und sprach persönlich mit allen Prominenten.«[84]

Der Einigungsvorgang verlief dann doch noch sehr dramatisch, da der französische Militärgouverneur Koenig einen letzten Versuch unternahm, das amerikanische Weststaatskonzept am Widerstand der Deutschen scheitern zu lassen. So war dieser im Begriff, als Verhandlungsleiter die Sitzung ergebnislos zu beenden, als es dem bayerischen Ministerpräsidenten Ehard gelang, »durch einen rettenden Einfall« die Beratungen »zunächst in Gang zu halten« und so einen Abbruch der Konferenz zu verhindern.[85] Die geschickte Intervention, wie sie Ehard später genannt hat, war in Wirklichkeit allerdings alles andere als ein rettender Einfall gewesen. Vielmehr war es so, dass, was er

82 So Eschenburg, Jahre der Besatzung, a.a.O., S. 467.

83 Vgl. Grabbe, Unionsparteien, a.a.O., S. 144.

84 Eschenburg, Jahre der Besatzung, a.a.O., S. 467.

85 Vgl. Morsey, Zwischen Bayern u. Bundesrepublik, a.a.O., S. 365.

später nie erwähnte, dieser Einfall vorher mit Clays politischem Berater Murphy abgesprochen worden war und vermutlich sogar amerikanischer Initiative entsprang.[86]

Zum Begriff ›Grundgesetz‹

Die Wahl des Begriffs ›Grundgesetz‹ anstelle von ›Verfassung‹ war keineswegs so selbstverständlich, wie dies heute manchmal den Anschein hat. Wie man auf den Begriff kam, erläutert Reinhold Maier in seinen *Erinnerungen*:

> »Da kam irgendjemand mit dem Wort ›Grundgesetz‹ an Stelle von Verfassung. Heute geht dieses Wort jedermann absolut selbstverständlich über die Lippen. Damals aber war es vielleicht in engsten Fachkreisen bekannt, aber sonst ungebräuchlich. Wie vom Himmel gefallen stand das Wort vor uns und bemächtigte sich unserer Köpfe und Sinne, gewiss nicht der Herzen. Machten wir doch ein ›Grundgesetz‹, das keinen Vollstaat voraussetzt! Das neue jungfräuliche Wort vermochte so schön trügerisch von der Realität jener Tage wegzuführen.«[87]

Bei dem von Maier erwähnten »irgendjemand« handelte es sich tatsächlich um den damaligen Hamburger Bürgermeister Max Brauer, der den schließlich allseits akzeptierten Begriff erstmals in die Debatte einführte:

> »Wir sind uns darüber einig, den Weg (über die Wahl einer verfassunggebenden Versammlung) abzukürzen und Grundsätze für die Festsetzung einer Wahlordnung und den Entwurf eines Grundgesetzes mit all den Beschränkungen gegenüber einer echten Verfassung auszuarbeiten, mit endgültiger Annahme nachher durch ein Parlament, das dann die Regierung bildet und die ordnungsgemäßen Regierungsgeschäfte führt.«[88]

---

86 Vgl. Murphy an Secretary of State am 26.7.1948, in: FRUS 1948, II, S. 412.

87 Reinhold Maier: Erinnerungen 1948–1953. Tübingen 1966, S. 62.

88 Konferenz der Ministerpräsidenten, in: PR, Bd. 1, S. 88.

Um den Alliierten den vorgeschlagenen Begriff »Grundgesetz« »schmackhaft zu machen«[89], kamen die Ministerpräsidenten überein, für ihn als Übersetzungshilfe die Umschreibungen »basic constitutional law« bzw. »loi constitutionel basique« zu offerieren.[90] Auch sollte hinter dem Begriff der in Klammern zu setzende Zusatz »vorläufige Verfassung« folgen. Zur weiteren Erläuterung und als Entscheidungshilfe gegen ein Plebiszit stellte man zudem eine Liste von Gesichtspunkten zusammen, die den vorgeschlagenen Kurs stützen sollten: Ein Referendum, hieß es darin, könne nicht ohne Abstimmungskampf durchgeführt werden. Dabei bestehe dann die Gefahr, dass oppositionelle (kommunistische) und destruktive (nationalistische) Elemente sich zur Ablehnung zusammenfänden. Ferner bedeute das Referendum einen unerträglichen Zeitverlust und es berge kaum abzuwägende politische und wirtschaftliche Faktoren. Demgegenüber sei bei einer Ratifizierung durch die Landtage mit einer überwältigenden Mehrheit zu rechnen.[91]

So lässt sich als Zwischenergebnis festhalten, dass sich die Alliierten mit ihrer Forderung nach Gründung eines Weststaates gegen die Ministerpräsidenten relativ schnell durchsetzten. Insgesamt dauerte es nur drei Wochen, bis diese mit ihrem zweiten Vorschlag die inhaltlichen Vorgaben der »Frankfurter Dokumente« akzeptiert hatten. Das Dokument Nr. 1 nahmen sie ohne jeglichen Vorbehalt prinzipiell an. Zum Besatzungsstatut wurden von deutscher Seite gar keine Einwände mehr erhoben. Damit war der Weg für die Einberufung des

---

89 Eschenburg, Jahre der Besatzung, a.a.O., S. 468.

90 Aide-Memoire der Ministerpräsidenten zu den Erklärungen der Militärgouverneure vom 22.7.1948, in: PR, Bd. 1, S. 270 ff. Ursprünglich sollte der Zusatz »vorläufige Verfassung« bzw. »Verfassungsberatende Versammlung« in Klammern hinzugefügt werden, wann immer der Begriff »Grundgesetz« im Text auftauchte. Im Laufe der Beratungen sind diese Überlegungen dann fallen gelassen worden. Man wollte, wie sich Lüdemann ausdrückte, den Besatzungsmächten »eine Art Sprachunterricht« erteilen, denn ein Grundgesetz sei nach deutscher Lesart eine Verfassung. Vgl. ebenda, S. 204 f. u. 226 f.

91 Vgl. Eschenburg, Jahre der Besatzung, a.a.O., S. 468.

Parlamentarischen Rates und für die Ausarbeitung des Grundgesetzes frei. Vorher sollte nach Weisung der Ministerpräsidenten allerdings noch ein deutscher Sachverständigenausschuss tagen, der für den Parlamentarischen Rat eine erste Beratungsgrundlage formulieren sollte.

III ORGANISATORISCHE PRÄJUDIZIEN

Mit den »Frankfurter Dokumenten« waren die wichtigsten Entscheidungen für die zwischen dem 1. September 1948 und 23. Mai 1949 stattfindenden Verfassungsberatungen schon getroffen, bevor der Parlamentarische Rat in Bonn überhaupt zusammentrat.[92] Dementsprechend erscheint der Rat vordergründig auch nur als eine Art technischen Vollzugsorgans, also als eine Konstituante ohne direkten Bezug zu den Fragen der Innen- und Außenpolitik.[93] Dies auch deshalb, weil die Tätigkeit des Parlamentarischen Rates von alliierter Seite mit informellen Ratschlägen und Empfehlungen sowie im weiteren Fortgang auch mit offiziell angebrachten Vorbehalten begleitet, wenn nicht gar gesteuert wurde. Dabei gehörte es zu den Eigentümlichkeiten dieses Verfahrens, dass sich diese Faktizitäten damals erst allmählich im Laufe der Verfassungsberatungen zeigten.[94]

---

92 Im September 1948 ging man überwiegend davon aus, die Beratungen des Grundgesetzes im Dezember abschließen zu können. Obwohl sich die Verhandlungen in den Ausschüssen als recht schwierig erwiesen, rechneten die Mitgliedes des Rates noch Anfang November 1948 damit, die Arbeiten im Dezember beenden zu können. Vgl. PR, Bd. 11, S. XXXIV. Auch Adenauer erwartete noch im November den zügigen Abschluss der Beratungen vor Weihnachten; vgl. dazu den Bericht von Murphy über ein Gespräch mit Adenauer, das am 24. 11. stattfand, in: PR, Bd. 8, S. 50 f.

93 So Karlheinz Niclauß, »Politische Kontroversen im Parlamentarischen Rat«, in: *Aus Politik und Zeitgeschehen* (31.7.1998), B 32–33/98, S. 23.

94 Wie begrenzt die Kompetenz des Parlament. Rates nach Auffassung der Alliierten sein sollte, wurde am 15.9.1948 deutlich. An diesem Tag verabschiedete er eine Resolution (vgl. PR, Bd. 8, S. 59 f.) zu dem Urteil eines russischen Militärgerichts, das fünf Deutsche zu je 25 Jahren Zwangsarbeit verurteilt hatte. Nach einem Bericht von Robert Murphy reagierte der amerikanische Militärgouverneur Clay auf diese Resolution sehr ungehalten: »Last evening Clay incensed over the Berlin resolution, was all for some public denunciation on his part of their action. [...] My advice is that he and Robertson call old man Adenauer down here and possibly some of us would also have talks with Reuter and

Strukturell präformiert waren diese Beratungen durch eine Vielzahl von äußeren Vorgaben, die die Alliierten als für die Deutschen nicht verhandelbar voraussetzten. Zu nennen ist hier vor allem die laut Schlusskommuniqué der Londoner Sechs-Mächte-Konferenz für die Staatsform zwingend geltende Vorgabe, dass die Wiederherstellung eines »zentralistischen Reiches« ausgeschlossen wäre.[95] Da die Deutschen gemäß den »Frankfurter Dokumenten« mit der Ausarbeitung einer Verfassung des »föderalistischen Typs« beauftragt wurden, kann weiter nicht außer Betracht bleiben, dass die Alliierten bis dahin gerade in föderaler Hinsicht tiefgreifende Entscheidungen zu Lasten eines künftigen Weststaates getroffen hatten.[96] Denn nach der zwangsweisen Auflösung des Bundeslandes Preußen wie auch der damit in den Westzonen gekoppelten Neubildung der sog. Bindestrich-Länder, also der Konstruktion von den landsmannschaftlichen Verhältnissen nicht entsprechenden Bundesländern, war das Kapitel der föderalen Neugliederung quasi bereits abgeschlossen, noch bevor die Deutschen über dieses beraten konnten.[97] Nicht vergessen werden darf die Ausarbeitung

---

Kaisen, and Schmid. for the purpose of driving home to these gentlemen that they are doing their own case damage by distorting the use of the Parliamentary Council to purposes for which it is not intended. […] There is a tendency to drag heels on the constitutional work for which the Council is designed«, in: FRUS 1948, II, S. 421 f. Am 30.9.1948 wurde Adenauer ein Schreiben der Militärgouverneure übergeben, in dem diese auf die beschränkte Zuständigkeit des Rates hinwiesen, in: PR, Bd. 8, S. 9.

95 Vgl. Schlusskommuniqué der Londoner Sechs-Mächte-Konferenz vom 7.6.1948, in: PR, Bd. 1, S. 4: Die Begriff ›Deutsches Reich‹, der bis dahin ein fester Bestandteil des politischen Bezugsrahmens nahezu aller deutschen Politiker war, ist bspw. auf Herrenchiemsee überraschenderweise gar nicht erst Gegenstand von Erörterungen gewesen. vgl. Eschenburg, Jahre der Besatzung, a.a.O., S. 505 f.; vgl. *JöR*, Bd. 1, 1951, S. 17.

96 Carlo Schmid weist in seinen *Erinnerungen* darauf hin, dass die föderalistischen Vorhaben der Alliierten vor allem das Ziel verfolgten, einen künftigen Bundesstaat zu schwächen: »Es sollte nicht vergessen werden, wie sehr den Alliierten daran lag, dass der von ihnen gewollte westdeutsche Staat in seine Strukturen so wenig homogen wie möglich war […]« (ders., Erinnerungen, a.a.O., S. 395).

97 Vgl. hierzu Adenauer, Erinnerungen, a.a.O., S. 99.

der Länderverfassungen, durch deren »Filter« (Friedrich-Karl Fromme) das Bonner Grundgesetz gegangen ist.[98] Von dort aus war den meisten Beteiligten vom Grundsatz her bekannt, welche Ergebnisse von ihnen in etwa erwartet wurden.

1. VORARBEITEN: DER KONVENT VON HERRENCHIEMSEE

Anders als der Weimarer Nationalversammlung[99], der zur Unterstützung die funktionsfähigen Reichsämter des Kaiserreichs zur Verfügung gestanden hatten, fehlte dem Parlamentarischen Rat ein Verwaltungsapparat, der Entwürfe und Formulierungsvorschläge für die anstehenden Beratungen hätte vorbereiten können.[100] Gleichwohl benötigte auch der Rat einen diskussionsfähigen Entwurf, um eine Grundlage

98 Der Verfassungsberatungsprozess in den Ländern, der der Ausarbeitung des Grundgesetzes vorgeschaltet war, kann hier nicht dargestellt werden. Es sei nur darauf hingewiesen, dass die Alliierten ihre verfassungsrechtlichen Vorstellungen bereits auf dieser Ebene deutlich artikuliert haben. Vgl. Bernhard Diestelkamp: »Die Verfassungsentwicklung in den Westzonen bis zum Zusammentreten des Parlamentarischen Rates«, in: *NJW*, 1989, S. 1316; Barbara Feist: »In einer Atmosphäre der Freiheit. Die Rolle der Amerikaner bei der Verfassungsgebung in den Ländern der US-Zone 1946«, in: *VfZ*, Jg. 33 (1985), S. 420 ff.; Helmuth Auerbach: »Die politischen Anfänge Carlo Schmids. Kooperation und Konfrontation mit der französischen Besatzungsmacht 1945–1948«, in: *VfZ*, Jg. 36 (1988), S. 595 f.

99 Vgl. Gerhard Anschütz: Die Verfassung des deutschen Reiches. 14. Aufl. Berlin 1933, S. 19 ff.; Fritz Poetzsch-Heffter: Handkommentar zur Reichsverfassung vom 11. August 1919, 3. Aufl. Berlin 1928, S. 16: »Schließlich erklärte sich die Reichsregierung aber mit der Einsetzung eines besonderen Staatenausschusses einverstanden, in welchen die kleineren Gliedstaaten einen, die größeren Gliedstaaten zwei Vertreten entsenden sollten. Dieser Ausschuss erhielt die Aufgabe, den Entwurf eines provisorischen Grundgesetzes zu beraten, welches der Nationalversammlung zur sofortigen Beschlussfassung vorgelegt werden sollte.«

100 Reinhard Mußgnug, »Zustandekommen des Grundgesetzes und Entstehen der Bundesrepublik«, in: Josef Isensee/Paul Kirchhof (Hg.): Handbuch des Staatsrechts der Bundesrepublik Deutschland. Bd. 1. Heidelberg, 2007, § 6 Rn. 37.

für seine Arbeit zu haben. Von den Ministerpräsidenten war deshalb mit Beschluss vom 25. Juli 1948 ein »Sachverständigenausschuss für Verfassungsfragen« einberufen worden, der vom 10. bis zum 23. August 1948 auf der Insel Herrenchiemsee in Bayern tagte. Nach Maßgabe der Ministerpräsidenten sollte dieser einen »Verfassungsentwurf ausarbeiten, der dem Parlamentarischen Rat als Unterlage dienen« könne.[101]

Selbstverständnis als »Verfassungskonvent«

Der Begriff »Verfassungskonvent« fiel erstmals in der konstituierenden Sitzung des Verfassungsausschusses, als Anton Pfeiffer das Expertengremium als »den ersten Verfassungskonvent des neuen Deutschlands« bezeichnete.[102] Mit dieser Ansage ging er über die dem Konvent zugewiesenen Zuständigkeiten weit hinaus. Die anderen Teilnehmer verstanden diesen auch nicht als eine Art Vorparlamentes, sondern als »eine mehr wissenschaftliche Studiengesellschaft«[103]. Die »für die Ausarbeitung einer Verfassung wichtigen Fragen« sollten nicht entschieden, sie sollten lediglich begutachtet werden, um verschiedene Lösungsmöglichkeiten auszuarbeiten. Politische Kompromisse, in denen strittige Fragen typischerweise durch neutrale Formulierungen umgangen werden, waren also nicht erwünscht.

Ein zeitgenössischer Bericht hebt vor allem die akademische Beschaulichkeit hervor, die an platonische Philosophengespräche erinnert habe, wenn die »gelehrten Herren« in den Sitzungspausen im Biergarten der Schlossgaststätte diskutierten.[104] Der Chef der

---

101 Vgl. PR, Bd. 1, S. 160.

102 Der Verfassungskonvent auf Herrenchiemsee – Plenarsitzung, in: PR, Bd. 2, S. 56.

103 So die Kennzeichnung des Konvents durch Anton Pfeiffer, Berichterstatter des Parlament. Rates bei der Ministerpräsidentenkonferenz und Chef der bayerischen Staatskanzlei, in: PR, Bd. 1, S. 381.

104 Joachim Schilling: »Idyll auf Herrenchiemsee«, in: *Neue Zeitung*, 21.8.1948: »Im Übrigen ist die Insel Herrenchiemsee allen Gerüchten zum Trotz nicht abgesperrt. Die Ausflügler ziehen zwanglos an den Staatsdenkern vorbei. Die Türscheiden des Schlosshotels können sie den Vätern der Verfassung sogar auf die Teller schauen. Ein entscheidendes Stück deutscher Geschichte entsteht fast unter den Augen einer leider wenig interessierten Umwelt.«

bayerischen Staatskanzlei, Pfeiffer, hatte auch für ausreichende Vorbereitung gesorgt. In einer Anweisung der Staatskanzlei für die Bewirtung heißt es: »Spezialbier: pro Person und Tag: ein Liter. Wein: Pro Person und Tag: ½ Flasche. Rauchwaren: pro Person und Tag: entw. 3 Zigarren oder 12 Zigaretten.«[105]

Formal hatte die Arbeit des Verfassungskonvents lediglich die Bedeutung eines unverbindlichen Planspiels, dessen Ergebnisse den Parlamentarischen Rat zu nichts verpflichtete. Bei dem Konvent handelte es sich gerade nicht um eine Vororganisation des Parlamentarischen Rates, sondern formal um ein von den Ministerpräsidenten der Länder eingesetztes Gremium. Der unter der zurückhaltenden Bezeichnung »Tätigkeitsbericht« veröffentlichte Abschlussbericht strukturierte im Parlamentarischen Rat allerdings die Debatten der kommenden Monate. In seinen *Erinnerungen* schreibt Carlo Schmid dazu:

> »Der Verfassungskonvent stellte ein seltsames Gemisch verschiedenster politischer Richtungen, verfassungsrechtlicher Theorien und Zugehörigkeiten dar. [...] Wir wussten jedoch auch, dass unsere Vorschläge die Richtung der Beratungen des Parlamentarischen Rates und die Natur der dabei zutage tretenden Argumente in bedeutendem Maße bestimmen werden, wie dies jeder Leitfaden und jede Denkschrift tut.«[106]

Äußerer Rahmen

Um die ihnen gestellten Aufgaben zu erledigen, hatten die Verfassungsexperten dreizehn Tage Zeit. Dreißig Jahre zuvor hatten der von Hugo Preuß geleiteten Verfassungskommission, prominent beraten durch Max Weber, immerhin mehrere Wochen für eine ähnliche Arbeit zur Verfügung gestanden. 1948 trat zudem ein Problem auf, das sich 1919 so noch nicht gezeigt hatte: Damals musste eine neue politische Organisationsform für ein äußerlich weitgehend intaktes Staatswesen entworfen und durchgesetzt werden. Im Jahr 1948 stellte sich dagegen

---

105 Zit. n. Thomas Darnstädt: »Die verstaubte Verfassung (I)«, in: *Der Spiegel*, Nr. 20/2003, S. 47.

106 Schmid, Erinnerungen, a.a.O., S. 334 f.

vordringlich eine ganz andere Frage: War das Deutsche Reich als Staat und Völkerrechtssubjekt bloß desorganisiert oder war es nicht vielmehr untergegangen? Eine Grundsatzfrage, über die auf Herrenchiemsee ausführlich gestritten und debattiert wurde. Damit unmittelbar verbunden war auch die Frage nach der Quelle der konstitutiven Gewalt, die man wahlweise beim Volk oder bei den Ländern ausmachte.[107]

In der konstituierenden Sitzung des Verfassungskonvents legte die bayerische Delegation einen von ihr ausgearbeiteten Entwurf des Grundgesetzes sowie »Bayerische Leitgedanken« für die Schaffung des Grundgesetzes vor, die als Grundlage der Erörterungen dienen sollten.[108] Im Anschluss daran beschrieb Pfeiffer als Organisator des Konvents dessen Aufgabe:

> »Sie wissen, es sind bestimmte Grundsätze vorgeschrieben, denen die zu schaffende Verfassung gerecht werden muss. Die Verfassung muss sein demokratisch, sie muss sein föderalistisch, indem sie die Rechte der beteiligten Länder schützt, sie muss aber gleichzeitig auch eine angemessene Zentralinstanz schaffen, und sie muss vor allem eine Garantie bieten für die Rechte und Freiheiten des Einzelmenschen. Die Verfassung muss so gebaut sein, dass bei allen künftigen Änderungen ebenfalls die Zustimmung von zwei Dritteln der deutschen Länder notwendige Voraussetzung ist. Diese Aufgabe ist Ihnen nach Maßgabe der im Frankfurter Dokument 1 vorgeschriebenen Grundsätze gestellt.«[109]

Die daraufhin folgende Generaldebatte endete mit der Einsetzung von drei Unterausschüssen: dem für Grundsatzfragen, dem für Zuständigkeitsfragen (Gesetzgebung, Rechtsprechung und Verwaltung) und dem für Organisationsfragen der Bundesorgane.

Inhaltlich bestand das selbsterklärte Hauptanliegen des Konvents vor allem darin, einerseits die vermeintlichen »Konstruktionsfehler« der Weimarer Reichsverfassung zu vermeiden, andererseits jedoch an

107 Sörgel, a.a.O., S. 40.

108 Abgedruckt in: PR, Bd. 2, S. 1, vgl. dazu auch S. LVII.

109 PR, Bd. 2, S. 56 f.

deren Grundrechtskonzeption anzuknüpfen.[110] Im Grundrechtsteil empfahl der Konvent daher eine scharfe Begrenzung auf juristisch nachvollziehbare Freiheitsrechte und den Verzicht auf eine ideologische Überfrachtung der Verfassung mit Programm- und Bekenntnissätzen. Besondere Aufmerksamkeit legte man auf die Sicherung der Grundrechte, eine im Vergleich zum Reichspräsidenten deutlich abgeschwächte Stellung des Staatsoberhauptes, die wirksame Beteiligung der Länder an der Gesetzgebung sowie das parlamentarische Verfahren der Regierungsbildung.

Keine förmliche alliierte Beteiligung

Die Arbeit des Herrenchiemsee-Konvents fand ohne förmliche Beteiligung alliierter Stellen, aber auf der Grundlage und in Kenntnis des mit den »Frankfurter Dokumenten« abgesteckten Rahmens statt.[111] Eine ursprünglich vorgesehene, enge Zusammenarbeit zwischen den Büros der Militärgouverneure und den Delegierten des Verfassungskonvents gab es nicht. Ob und, wenn ja, zu welchem Ergebnis die Arbeit auf Herrenchiemsee führen konnte, war zu diesem Zeitpunkt auch noch völlig offen. So stand zum damaligen Zeitpunkt in der Tat noch die Möglichkeit im Raum, dass die Alliierten den Plan einer Weststaatsgründung wieder zurückziehen und damit die ganze Arbeit letztlich ergebnislos enden würde.

Deutliche Warnungen gerade in diese Richtung hatte es bereits während der Verfassungsberatungen auf Herrenchiemsee gegeben. Der dort im Auftrag der amerikanischen Militärregierung (OMGUS) anwesende Verbindungsoffizier Carl-Joachim Friedrich[112] erklärte einem Mitglied des Konvents, dass die Verfassungsberatungen zwar weitergeführt werden sollten, aufgrund der seit dem 2. August laufenden Vier-Mächte-Gespräche in Moskau sei aber mit einer Genehmigung durch

110 So Mußgnug, »Zustandekommen des Grundgesetzes«, a.a.O., § 6, Rn. 42; vgl. ebenfalls Horst Säcker: »Der Verfassungskonvent auf Herrenchiemsee«, in: *BayVbl*, 1983, S. 6 ff.

111 Vgl. PR, Bd. 2, S. CXXXVI.

112 Eschenburg, Jahre der Besatzung, a.a.O., S. 475.

die Militärgouverneure möglicherweise nicht zu rechnen.[113] Hierzu kam es dann doch nicht, so dass Friedrich am 31. August in einem umfangreichen Bericht Ablauf und Ergebnisse der Tagung für die amerikanische Militärregierung zusammenfasste und positiv würdigte: »From the standpoint of American policy as defined in successive international conferences and finally coordinated with British and French policy in the London agreements, the results of the commission's labour is gratifying.«[114]

Entwurf von Herrenchiemsee – »Tätigkeitsbericht«

Nachdem die Ministerpräsidentenkonferenz den abschließenden »Bericht der Verfassungskommission« am 31. August 1948 erhalten hatte,[115] reichte sie ihn am darauffolgenden Tag an den Parlamentarischen Rat weiter.[116] Dieser hatte sich am 1. September in Bonn versammelt und in seiner konstituierenden Sitzung Konrad Adenauer zu seinem Präsidenten gewählt.

In der Druckordnung des Herrenchiemseer Entwurfes (HChE) sind die zur Wahl gestellten Vorschläge synoptisch neben- und nicht hintereinander aufgeführt.[117] Der Schlussbericht gliedert sich in drei Abschnitte: den ersten Teil, in dem die einzelnen Verfassungsprobleme

---

113 Vgl. Dr. Beyerle, Herrenchiemsee – Unterausschuss I, 5. Sitzung vom 19.8.1948; Gespräche mit Friedrich werden auch von Dr. Süsterhenn erwähnt, in: PR, Stenograph. Bericht, S. 18.

114 Zit. n. PR, Bd. 2, S. CXXVI; vgl. auch: FRUS 1948, II, S. 410: »In a report dated August 31, not printed, Carl J Friedrich reviewed the work of the Preparatory Constitutional Committee.«

115 PR, Bd. 1, S. 380 f.

116 Verfassungsausschuss der Ministerpräsidentenkonferenz der westdeutschen Besatzungszonen, in: PR, Bd. 2, S. 504 ff. u. CXV ff.

117 Diese Vorgehensweise stieß auf Kritik. So stellte Hans Nawiasky in Bezug auf die Präambel fest: »Wenn uns gelingt, uns auf eine exakte Formel zu einigen, leisten wird dem Parlamentarischen Rat einen wirklichen Dienst. Wenn wir dem Parlamentarischen Rat zwei Formeln vorlegen, dann wird er Gefahr laufen, eine Kombination zu schaffen, einen Kompromiss zu schließen, was entsetzlich ist«, in: PR, Bd. 2, S. LXXVII.

unter Angabe von Mehrheits- und Minderheitsmeinungen in dreizehn Kapiteln dargelegt sind, den zweiten Teil, der einen fast vollständigen Entwurf einer Verfassung mit 149 Artikeln enthält, und einen dritten Teil, in dem die einzelnen Bestimmungen des Entwurfes kommentiert werden.

In rechtlicher Hinsicht wurde der Parlamentarische Rat durch den Entwurf zwar nicht festgelegt, gleichwohl hatte dieser auf dessen Arbeit einen nicht zu unterschätzenden Einfluss: zum einen durch die personelle Kontinuität einiger wichtiger Beteiligter, die beiden Gremien angehörten, zum anderen durch die faktische Vorwirkung, die einem schriftlichen Abschlussbericht, der Grundlage aller anschließenden Beratungen ist, tatsächlich innewohnt. »Alle späteren Vorlagen an die Adresse des Rates«, konstatiert Wolfgang Benz, »waren neben dem Herrenchiemseer Bericht nur noch bedingt diskussionsfähig.«[118]

In seiner ersten Presseerklärung zeigte sich Adenauer in Bezug auf den Herrenchiemseer Bericht auffallend reserviert. Er betrachtete den Entwurf als völlig unverbindlich; die Ministerpräsidenten hätten zwar »in dankenswerter Weise versucht, Material für die Beratungen des Parlamentarischen Rates bereitzustellen«, der Parlamentarische Rat könne es aber »völlig frei verwerten«.[119] In der *Neuen Zeitung*, dem Organ der amerikanischen Militärregierung, war dagegen eine etwas positivere Stellungnahme Adenauers zu lesen: Der Parlamentarische Rat werde die Verfassungsarbeiten von Herrenchiemsee sachlich beurteilen und bei seinen Beratungen verwenden: »Eigene Entwürfe der verschiedenen Parteien würden nur Uneinigkeit hervorrufen.«[120]

---

118 Wolfgang Benz: Die Gründung der Bundesrepublik. 5. Aufl. München 1999, S. 120.

119 *DPD*, Köln, 14.8.1948, zit. n. SOPADE. Querschnitt durch Politik und Wirtschaft. Hg. v. Vorstand d. SPD. Hannover 9/1948, S. 12.

120 *Die Neue Zeitung*, 25.8.1948: »Arbeit auf Herrenchiemsee beendet«.

2. DER PARLAMENTARISCHE RAT

Der Parlamentarische Rat eröffnete am 1. September 1948 in Bonn mit seiner konstituierenden Sitzung die Verfassungsberatungen. Die Gründung des von den Alliierten mit den »Frankfurter Dokumenten« avisierten Weststaates nahm damit institutionelle Gestalt an. Neben einem Präsidium und Ältestenrat bildete der Rat insgesamt sieben Fachausschüsse, in denen die einzelnen Abschnitte der verschiedenen Grundgesetzentwürfe in nicht öffentlichen Sitzungen redaktionell vorbereitet wurden. Daneben gab es auch noch ein interfraktionelles Gremium, den sogenannten Fünfer-Ausschuss (später Siebener-Ausschuss), bei dem es sich formal aber um kein Organ des Parlamentarischen Rates handelte.[121]

Zusammensetzung des Parlamentarischen Rates

Zum Fraktionsvorsitzenden der CDU/CSU wurde Anton Pfeiffer (CSU) gewählt, Carlo Schmid stand an der Spitze der SPD-Fraktion, und Theodor Heuss führte die FDP im Parlamentarischen Rat. Zum Präsidenten des Rates wurde in der ersten Sitzung der Vorsitzende der CDU aus der britischen Zone, Konrad Adenauer, gewählt. Zum Vorsitzenden des für die Sacharbeit wichtigen Hauptausschusses ernannte man den Justizminister des Landes Württemberg-Hohenzollern, Carlo Schmid (SPD).[122]

---

121 Der sog. Fünfer-Ausschuss wurde am 26.1.1949 auf Vorschlag des Präsidenten Konrad Adenauer als Unterausschuss der interfraktionellen Konferenz eingerichtet. Ihm gehörten für die CDU Brentano und Kaufmann, für die SPD Menzel und Schmid sowie für die FDP Schäfer an. Vgl. PR, Bd. 11, S. XXVI u. 74 f.

122 Dazu schreibt Theodor Eschenburg: »Carlo Schmid steuerte die Gestaltung des Grundgesetzes; Adenauers Diplomatie ging es darum, die Zustimmung der Alliierten zum Grundgesetz möglich zu machen.« (Ders., »Zur Vorgeschichte der Bundesrepublik«, a.a.O., S. 24). Die wichtige »Hintergrundfunktion« von Konrad Adenauer wurde später auch durch Theodor Heuss betont: »Er begegnete den Alliierten schon mehr auf der offiziellen, wenn auch nicht ›amtlichen‹ Ebene. Ohne ›Bestallung‹ […] war er dennoch schon in diesen Monaten auf ganz natürliche Weise der Sprecher der werdenden Bundesrepublik

Dem Parlamentarischen Rat gehörten insgesamt 65 stimmberechtigte Mitglieder an, die nach den Grundsätzen, wie bereits im »Frankfurter Dokument« Nr. 1 festgelegt, vom 6. bis zum 31. August von den Landtagen gewählt worden waren.[123] Von den Mitgliedern stammten je 27 Vertreter aus der CDU/CSU und SPD, 5 aus der FDP sowie jeweils 2 aus der Deutschen Partei, des Zentrums und der KPD.[124] Die fünf Berliner Abgeordneten (3 SPD, 1 CDU, 1 FDP) blieben auf Weisung der Militärgouverneure ohne Stimmrecht. Interessenvertreter waren unter den Mitgliedern kaum vertreten, dafür umso mehr Berufspolitiker und Beamte.[125] Zwei Drittel der Mitglieder besaßen auch bereits parlamentarische Erfahrungen aus der Weimarer Zeit, drei waren schon Mitglied der Nationalversammlung von 1919 gewesen.[126]

Die personelle Zusammensetzung des Rates entsprach weitgehend den zeitgenössischen Machtverhältnissen derjenigen Parteien, die in den drei Westzonen parlamentarisch vertreten waren.[127] Nur die

---

gegenüber den westlichen Mächten geworden. Und das wurde für ihn – von der eigenen Konzeption abgesehen – die Lehrzeit, mit den Denkgewohnheiten der ›Anderen‹ vertraut zu werden« (zit. n. Paul Weymar: Konrad Adenauer. Die autorisierte Biographie. München 1955, S. 363 f.).

123 Vgl. Modell und Begründung eines Gesetzes über den Parlament. Rat (27.7.1948), in: PR, Bd. 1, S. 286 ff.

124 Fast 50 der 65 Mitglieder des Rates waren während des »Dritten Reiches« beruflichen oder politischen Beeinträchtigungen ausgesetzt; vgl. PR, Bd. 9, S. VII. Zur personellen Zusammensetzung Richard Ley: »Die Mitglieder des Parlamentarischen Rates«, in: *Zeitschrift für Parlamentsfragen*, 4 (1973), S. 373 ff.

125 Mußgnug, »Zustandekommen des Grundgesetzes«, a.a.O., § 6 Rn. 4: »Sie gehörten, wie z. B. Konrad Adenauer, Theodor Heuss, Erich Ollenhauer und Carlo Schmid, zur Führungselite oder wie z. B. Hermann Höpker-Aschoff, Rudolf Katz, Wilhelm Laforet, Hermann v. Mangoldt, Walther Menzel, Adolf Süsterhenn und Walther Strauß, zu den herausragenden Juristen ihrer Parteien.«

126 Die Weimarer Nationalversammlung zählte 421 Abgeordnete.

127 Eine Besonderheit betrifft die Wahl von Carlo Schmid. Aufgrund der absoluten Mehrheit der CDU in seinem Landtag hatte er eigentlich keine Chance, in den Parlament. Rat einzuziehen. Durch ein Tauschgeschäft, mit dem Schmid gewählt wurde und die SPD in einem anderen Bundesland auf einen Sitz verzichtete, gelangte er dann doch hinein; vgl. hierzu P. Weber, a.a.O., S. 350.

Wirtschaftliche Wiederaufbauvereinigung (WHV) blieb damals aus heute nicht mehr aufklärbaren Gründen unberücksichtigt, obwohl diese zum damaligen Zeitpunkt bereits im bayerischen Landtag saß.[128]

Konstituante ohne Parallele

Der Parlamentarische Rat kann nicht als demokratisch legitimiertes Repräsentativorgan im herkömmlichen Sinne verstanden werden. Zum einen setzten sich die Landtage, aus denen die Abgeordneten gewählt wurden, selbst unter erheblichen Beschränkungen des Wahlrechts zusammen. Zum anderen hatten die Wähler bei diesen Parlamentswahlen überhaupt keine Vorstellung gehabt, dass sie damit gleichzeitig bzw. später eine Art Verfassungsgebender Versammlung wählen würden.[129] Zu der mangelnden demokratischen Legitimation konstatierte Walther Menzel in einer zeitgenössischen Abhandlung: »Die 65 Abgeordneten [...] glauben mit Recht, keine genügende demokratische Legitimation zu besitzen.«[130]

---

128 Obwohl die Wirtschaftliche Aufbauvereinigung auf jeden Fall einen Sitz im Parlament. Rat hätte erhalten müssen, wurde diese bei der Sitzverteilung nicht berücksichtigt. Welche Gründe hierfür ausschlaggebend gewesen sind, war nicht zu ermitteln. Zu weiteren Einzelheiten des Modellgesetzes und seiner Umsetzung siehe Schockenhoff, a.a.O., S. 147 f. Er weist darauf hin, dass aufgrund der zwischen den großen Parteien getroffenen Absprachen »vor allem die SPD auf Kosten der KPD« gestärkt wurde. Für die Bayernpartei, die erst am 29.3. zugelassen worden war, kam eine Mandatszuteilung aus zeitlichen Gründen nicht in Betracht.

129 Die fehlende demokratische Legitimierung war den Zeitgenossen durchaus bewusst. So fehlen in dem Modellgesetz zur Wahl der Abgeordneten bei der Bezeichnung »Parlamentarischer Rat« der in Klammern gesetzte Zusatz »Verfassungsgebende Versammlung« und bei GG »Vorläufige Verfassung«, deren Aufnahme den Alliierten gegenüber im Vorfeld zugesichert worden war, vgl. PR, Bd. 1, S. 286, Rn. 4 und S. 321 f.

130 Walther Menzel: »Die verfassungspolitischen Entscheidungen im Grundgesetz«, in: *Deutsche Verwaltung*, 1949, S. 314.

In diesen Zusammenhang gehört auch, dass die Alliierten den Mitgliedern des Parlamentarischen Rates eine parlamentarische Immunität, die wohl als Grundvoraussetzung für die Ausübung eines repräsentativen Amtes angesehen werden muss, nicht zubilligten.[131] Die Ratsmitglieder waren diesbezüglich schlechter gestellt als jeder Landtagsabgeordnete in den Westzonen. Deutlich zeigt sich dies, als ein Ratsmitglied, Max Reimann (KPD), von einem britischen Militärgericht wegen kritischer Äußerungen über die Besatzungsmächte zu einer Haftstrafe verurteilt wurde. Im Rahmen einer Kundgebung hatte dieser die Mitglieder des Parlamentarischen Rates als »Quislinge« und »alliiertes Hilfspersonal« bezeichnet. Der von Adenauer in seiner Eigenschaft als Ratsvorsitzender gegen das Urteil erhobene Protest blieb wirkungslos; Reimann wurde am 1. Februar 1949 verhaftet.[132]

In der Geschichte demokratischer Verfassungsgebung findet sich keine Parallele für die Art und Weise, in der das Grundgesetz geschaffen wurde.[133] Ohne unmittelbaren Legitimationsakt in Kraft gesetzt, stellt die Urfassung des Grundgesetzes zweifelsohne das eigenartigste ›Provisorium‹ zwischen vorläufiger Satzung und Konstitution dar, die es in der europäischen Verfassungsgeschichte jemals gegeben hat. In Form und Inhalt handelte es sich um eine Vollverfassung, aber wesentliche Hoheitsbefugnisse der Legislative und Exekutive sowie wichtige

---

131 Dies wurde in der 47. Sitzung des Hauptausschusses am 8.2.1949 von Wagner erörtert, vgl. PR, Verhandlungen, S. 605.

132 Vgl. PR, Bd. 8, S. XL, und den Briefwechsel zwischen Adenauer und General Bishop, dem damaligen Chef der britischen Militärregierung, bei dem sich Adenauer um die Freilassung Reimanns bemühte; vgl. Adenauer, Briefe, a.a.O., S. 91.

133 Die Besatzungspolitik der USA in Japan weist gegenüber der in Deutschland praktizierten signifikante Unterschiede auf. Vgl. hierzu: Wilhelm Grewe: »Deutschland und Japan nach dem Kriege. Parallelen und Divergenzen«, in: Josef Kreiner (Hg.): Deutschland–Japan. Historische Kontakte. Bonn 1984, S. 285 ff.; Wolfgang Benz: »Amerikanische Besatzungsherrschaft in Japan 1945–1947 (Dokumentation)«, in: *VfZ*, Jg. 26 (1978), S. 265 ff.

Bereiche des staatlichen und gesellschaftlichen Lebens finden darin schlichtweg nicht statt.[134]

Im Bericht des vorbereitenden Verfassungskonvents auf Herrenchiemsee heißt es dazu, dass das Fragmentarische »weniger in der Gestaltung der einzelnen Institutionen zum Ausdruck [kommen werde], als in deren Begrenzung auf die durch den äußeren Zwang heute noch eingeschränkten Möglichkeiten«[135]. Konkret bedeutete dies etwa, dass die Urfassung des Grundgesetzes keine Vorkehrungen für den Fall des inneren Notstands und für den Schutz des Bundesgebietes nach außen vorsah, obwohl man auf Herrenchiemsee tatsächlich etwa über die Notwendigkeit einer Wehrverfassung beraten hat.[136] Anders als Art. 2 der Weimarer Reichsverfassung enthielt die Urfassung des Grundgesetzes auch keine Bestimmung über das Bundesgebiet. Im Text des Grundgesetzes beschränkte man sich (»zunächst«) in dem (inzwischen aufgehobenen) Art. 23 Satz 1 darauf, einen räumlichen Geltungsbereich zu normieren.[137]

---

134 Obwohl weite Teile des öffentlichen Lebens der deutschen Kompetenz entzogen blieben, findet sich in der Verfassung kein Hinweis auf die Realität der Okkupation. Vgl. dazu Mußgnug, »Zustandekommen des Grundgesetzes«, a.a.O., § 6, S. 253 (»Die Legitimität des Grundgesetzes«).

135 Bericht über den Verfassungskonvent auf Herrenchiemsee, in: PR, Bd. 2, S. 509 ff.

136 Vgl. PR, Bd. 2, S. LXXXIV. Wegen des Fehlens einer Wehrverfassung bestand zunächst ein parteiübergreifender Konsens darüber, dass eine Verfassung ohne Notstandsvorsorge einer »blecherne[n] Rüstung« (so Werner Weber: »Weimarer Verfassung und Grundgesetz« [1949], in: ders.: Spannungen und Kräfte im westdeutschen Verfassungssystem. 3. Aufl. Berlin 1970, S. 27) oder einem »Einsiedlerkrebs« gleiche, »der seine Weichteile in den leeren Schneckenschalen des Besatzungsrechts birgt«, so Werner Groß: »Betrachtungen zur Entwicklung des öffentlichen Rechts«, in: *DVBl*, 1954, S. 769.

137 Dass das vom Bonner Grundgesetz verfasste Gemeinwesen nicht mit den Maßstäben der traditionellen Staatsrechtslehre gemessen werden kann, bringt es selbst durch den Topos »Geltungsbereich« an signifikanter Stelle deutlich zum Ausdruck. Rechtlich betrachtet ist die »Geltung« einer Norm oder Konstitution normalerweise eine Frage des rechtlichen Sollens. Für das Grundgesetz ist sie darüber hinaus ein Surrogat für die klassischen Merkmale der Staatlichkeit:

3. DEUTSCHE AUSLEGUNG DES AUFTRAGS

Angesichts der realen politischen Machtverteilung und der daraus folgenden Beschränkungen der Handlungsmöglichkeiten des deutschen Volkes gaben sich die Mitglieder des Parlamentarischen Rates über die Reichweite der ihnen zustehenden Kompetenzen erkennbar keinen Illusionen hin.[138] So wusste der Alterspräsident des Rates, der Hamburger SPD-Politiker Adolf Schönfelder, wovon er sprach, als er in seiner Eröffnungsrede »in erster Linie« die teilweise in Uniform anwesenden Vertreter der Militärregierungen begrüßte, »deren Vollmachten uns in den Stand gesetzt haben, hier als Parlamentarischer Rat zu tagen«.[139] Den inneren Zwiespalt, in dem der Parlamentarische Rat

---

Staatsgebiet, Staatsvolk und originäre Staatsgewalt. Alle diese herkömmlichen Merkmale einer staatlichen Verfassungsordnung finden im Text des Grundgesetzes keine letztgültige Stütze.

138 In sämtlichen Vorläufern der Endfassung des Grundgesetzes waren in den Entwürfen der Präambel ausdrückliche Hinweise auf die Beschränkung der Handlungsfreiheit des Parlament. Rates enthalten gewesen. Als dieser Hinweis vom allgemeinen Redaktionsausschuss aus der Präambel gestrichen wurde, begründete man dies so: »Der Hinweis auf die Beschränkung der Souveränität durch die Besetzung klingt zu sehr nach Resignation.« Und weiter: »Der Wille zur Überwindung dieser Beschränkung sollte zum Ausdruck kommen« (vgl. *JöR*, Bd. 1, 1951, S. 39). Der Souveränitätseinschränkungen durch die alliierte Besetzung war man sich im Parlament. Rat also durchaus bewusst, was unter anderem auch darin Ausdruck fand, dass in den Beratungen wiederholt von »Fremdherrschaft« (Schmid) und »gegenwärtiger fremder Herrschaft« (Bergsträßer) die Rede war. Die dagegen vorgetragenen Einwände betrafen nicht die Sache, sondern die Form. So wandte sich bspw. Kaufmann (CDU) dagegen, in der Präambel von der beschnittenen Souveränität zu sprechen, weil dies als Polemik gegen die Besatzungsmächte aufgefasst werden könne. Kroll (CDU) wollte das Wort »Fremdherrschaft« nicht verwenden, betonte aber, dass die Beschränkung der Souveränität »unzweideutig zum Ausdruck« kommen müsse. Schmid hielt dem entgegen, dass er nicht polemisiere, sondern lediglich die tatsächlichen Verhältnisse korrekt wiedergebe; es handele sich um ein Verhältnis von Befehl und Gehorsam, wobei der Befehlende »sein Recht beansprucht kraft eines anderen Willens als des unseren« (ebenda, S. 24).

139 Vgl. Schönfelder in der 1. Plenarsitzung am 1.9.1948, PR, Stenograph. Bericht,

und seine Mitglieder sich von Beginn an befanden, brachte Schönfelder auf diese Art und Weise prononciert auf den Punkt: Von den Deutschen wurde verlangt, quasi eine Verfassung zu schaffen, ohne dafür im Besitz einer demokratischen Legitimation als Nationalversammlung zu sein!

Eröffnungsreferate

In Ermangelung eines amtlichen Verfassungsentwurfes wurde die erste Aussprache des Rates durch Referate von Carlo Schmid und Adolf Süsterhenn eröffnet. Als Berichterstatter trugen diese die Ergebnisse des Herrenchiemseer Entwurfes vor. Schmid betonte in seinem Referat zunächst, dass man nur ein Provisorium zu schaffen habe. Sodann definierte er »Verfassung«, in deutlicher Anlehnung an Carl Schmitt[140], als »Gesamtentscheidung eines freien Volkes über

---

S. 1. Neben den britischen Vertretern haben auch französischen und belgische Militärs an der Eröffnungssitzung teilgenommen, während von amerikanischer Seite keine Offiziere in Uniform anwesend waren (»no American officers were in uniform«), wie Murphy in seinem Bericht an den Secretary of State am 1.9.1948 ausdrücklich erwähnte, in: FRUS 1948, II, S. 419.

140 Vgl. Carl Schmitt: Verfassungslehre. 7. Aufl. Berlin 1989, S. 75. Dass Carlo Schmid in seinen Ausführungen vor dem Parlament. Rat auf die Theorien Schmitts inhaltlich Bezug nahm, ist bemerkenswert, da damals bereits das bloße Zitat von Werk und Person Schmitts als eines der unausgesprochenen Tabus angesehen wurde. Dass Süsterhenn in der Debatte einmal ausführte, er habe »keine Angst vor […] dem mit zwei ›t‹ geschriebenen Namensvetter des Herrn Kollegen Carlo Schmid«, verdeutlicht diesen Befund; siehe Süsterhenn in der 2. Plenarsitzung am 8.9.1948, PR, Stenograph. Bericht, S. 25. Die Rezeption des eigenen Werks durch Carlo Schmid nahm Carl Schmitt auch zur Kenntnis, wobei er hiervon nicht sonderlich beeindruckt gewesen zu sein scheint. In seinem Tagebuch notierte Schmitt am 11.8.1950: »Empfehlenswertes Dissertationsthema für strebsame junge deutsche Studenten und Diener der westdeutschen Bundesrepublik des Jahres 1950: Carlo Schmid et les beaux arts« (ders.: Glossarium. Berlin 1991, S. 309). Zur juristischen Seite: Reinhard Mußgnug: »Carl Schmitts verfassungsrechtliches Werk und sein Fortwirken in im Staatsrecht der Bundesrepublik Deutschland«, in: Helmut Quaritsch (Hg.): Complexio Oppositorum. Über Carl Schmitt. Berlin 1988, S. 517 ff.

die Formen und die Inhalte seiner politischen Existenz«.[141] Diese Entscheidung, so fuhr Schmid fort, könne der Parlamentarische Rat nicht treffen, da die Souveränität des deutschen Volkes beschränkt sei:[142] »Eine Verfassung die ein anderer zu genehmigen hat, ist ein Stück Politik des Genehmigungsberechtigten, aber kein Ausfluss der Volkssouveränität des Genehmigungspflichtigen.«[143]

An diesem verfassungsrechtlichen Maßstab gemessen, ist »die eigentliche Verfassung [...] das geschriebene oder ungeschriebene Besatzungsstatut«.[144] Der »Parlamentarische Rat kann lediglich unter Bestätigung der alliierten Vorbehalte das Grundgesetz zur Organisation der heute freigegebenen Hoheitsbefugnisse des deutschen Volkes in einem Teile Deutschlands beraten und beschließen«.[145] Der Provisoriumscharakter des zu beschließenden Grundgesetzes sei dabei unabhängig von dessen Inhalt zu betrachten, was Schmid mit einem Hinweis auf oktroyierte »Verfassungen« verdeutlichte: Diese seien kein Ausdruck der Selbstorganisation eines freien Volkes und damit selbst dann keine wirklichen Verfassungen, wenn sie ihrem Inhalt nach (z. B. weil sie sogar Grundrechte enthalten) ganz so aussehen.[146]

Provisorium als Konzept

Das von Schmid in seinem Eröffnungsreferat vorgetragene Provisoriumskonzept ist für die Debatten des Parlamentarischen Rates prägend geworden. Auf Basis des von ihm propagierten, juristischen Kunstgriffs, der die Verlagerung des Provisoriumsgedankens vom Inhalt des Grundgesetzes auf die Ebene der Verfassungstheorie fingierte, vermochte der Rat wie eine Konstituante zu agieren. Wenn nämlich ein unter den Bedingungen des Besatzungsregimes zustande gekommenes Grundgesetz in verfassungsrechtlichem Sinne keine »Verfassung«

141 Carlo Schmid in der 2. Plenarsitzung am 8.9.1948, PR, Stenograph. Bericht, S. 8.

142 Ebenda, S. 10 f.

143 Ebenda, S. 11.

144 Ebenda.

145 Ebenda.

146 Ebenda, S. 8.

ist, auch wenn sie ihrem Inhalt nach einen solchen Eindruck erweckt, dann lässt sich die These begründen, dass man durch eine Quasi-Verfassungsgebung lediglich ein Provisorium schafft. In den Worten Carlo Schmids:

> »Wir haben unter der Bestätigung der alliierten Vorbehalte das Grundgesetz zur Organisation der heute freigegebenen Hoheitsbefugnisse des deutschen Volkes in einem Teile Deutschlands zu beraten und zu beschließen. Wir haben nicht die Verfassung Deutschlands oder Westdeutschlands zu machen. Wir haben keinen Staat zu errichten.«[147]

Gemäß der Intention des Parlamentarischen Rates und ausweislich seiner transitorischen Funktion (Präambel, Art. 23 und Art. 146) ist das Grundgesetz tatsächlich als Provisorium konzipiert worden. Der Eindruck einer Vollverfassung wurde indes damals schon durch Art. 79 Abs. 3 des Grundgesetzes klar bestätigt, mit dem vor allem die durch das »Frankfurter Dokument« Nr. 1 vorgegebenen Grundentscheidungen für einen demokratischen, parlamentarischen und föderalistischen Staat der Dispositionsbefugnis des verfassungsändernden Gesetzgebers weitgehend entzogen wurden. Dass eine solche Regelung mit dem offiziell behaupteten provisorischen Charakter des Grundgesetzes kaum zu vereinbaren war, ist damals relativ rasch erkannt worden.[148] Carlo Schmid räumte denn auch vor dem Parlamentarischen Rat ein, dass die Grenzen zwischen »Vollstaat« und »Staatsfragment« sowie zwischen »Vollverfassung« und Grundgesetz »eine Frage der praktischen Beurteilung im Einzelfall« sei. Aber, so fuhr Schmid fort, »wenn auch die Ordnung die wir gestalten sollen, nur die Ordnung eines Staatsfragments ist, so kann und sollte sie unserer Meinung nach doch so ausgestaltet werden, dass bei Ausweitung der heute gewählten Freiheitssphäre die geschaffene Organisation fähig sei, sie voll auszufüllen«.[149]

---

147 Ebenda, S. 11.

148 Vgl. Grewe, »Das Grundgesetz«, a.a.O., S. 315.

149 Schmid am 8.9.1948, PR, Stenograph. Bericht, S. 12.

4. DIE ALLIIERTEN VERBINDUNGSBÜROS

Dass die verantwortlichen deutschen Politiker von den Alliierten zur Ausarbeitung einer Verfassung autorisiert wurden, hieß keineswegs, dass sie damit auch autonom über das weitere Procedere entscheiden konnten. Die Alliierten betrachteten die mit der Ausarbeitung des Grundgesetzes betrauten Politiker zwar nicht als ihre bloßen Handlungsgehilfen, Handlungsfreiheit erhalten und Autorität demonstrieren sollten diese aber nur auf der Grundlage des ihnen mit den »Frankfurter Dokumenten« vorgegebenen Rahmens.

Einzelrepräsentanten der Militärgouverneure

Bevor der Parlamentarische Rat in Bonn einberufen wurde, hatten die drei alliierten Militärgouverneure Verbindungsbüros bei ihm eingerichtet. Diese sollten die fortlaufende Beteiligung an den Beratungen des Rates sicherstellen. Ein Umstand, der den Ministerpräsidenten der westdeutschen Länder bereits mit den »Frankfurter Dokumenten« bekannt gemacht worden war – genauer gesagt, in Form einer auf den ersten Blick etwas unscheinbar wirkenden »Beilage« zum »Frankfurter Dokument« Nr. 3. Darin heißt es: »Beauftragte der Militärgouverneure werden bereit sein, die Ministerpräsidenten und die Verfassunggebende Versammlung in allen Angelegenheiten, die diese vorzubringen wünschen, zu beraten und zu unterstützen.«[150] Aufgabe der Verbindungsoffiziere sollte sein, die Entwurfsarbeiten der Verfassunggebenden Versammlung auf Einhaltung der mit den »Frankfurter Dokumenten« vorgegebenen Richtlinien zu überwachen. Über den jeweiligen Stand erstatteten sie dann dem jeweiligen Militärgouverneuren Bericht. Nach dem zeitgenössischen Urteil eines Beteiligten waren sie über alles informiert: »Die Vertrauten der Gouverneure haben jedes Wort unserer wichtigsten Verhandlungen im Rat und vor allem im Hauptausschuss gehört [...].«[151]

150 PR, Bd. 1, S. 36; vgl. auch Wehner, a.a.O., S. 210; ebenfalls PR, Bd. 8, S. XVI.

151 So Kaufmann am 15.1.1949 in einem Brief an Heine, zit. n. PR, Bd. 8, S. 83, Fn. 10.

Kein förmliches Gremium

Hinter der Formulierung dieser »Beilage« zu Dokument Nr. 3, das man ursprünglich als eigenes Dokument Nr. 4 hatte übergeben wollen,[152] stand zuallererst das amerikanische Bemühen, die Franzosen auf die in London getroffenen Vereinbarungen festzulegen. Demgemäß sollten die Verbindungsoffiziere ursprünglich als gemeinsames Gremium (Organ) aufgrund von Mehrheitsbeschlüssen tätig werden. Dem entzogen sich indes die Franzosen. Die wünschten eine eigene und persönliche Verbindung zu den Ministerpräsidenten und dem Parlamentarischen Rat zu halten.

Ihren abweichenden Standpunkt brachte die französische Seite damals auf der ersten interalliierten Vorbesprechung am 30. Juni 1948 zur Sprache. Auf Druck der Franzosen wurde dort vereinbart, dass die Verbindungsoffiziere entgegen ursprünglicher Absprachen kein formelles Gremium bildeten, sondern als Einzelrepräsentanten der Militärgouverneure fungieren sollten (»individual lobbying«).[153] Für bestimmte Phasen der Verhandlungen benannte man den Deutschen gegenüber allerdings einen »Wortführer«.[154] Verbindungsoffiziere der jeweiligen Militärregierungen waren: Litchfield, Simons, Troubert, Pabsch (USA), Chaput de Saintonge, Miss Anderson, Jones, Futers (Großbritannien) und Seydoux, de Laboulay, Laloy, Joos (Frankreich).[155]

Prinzip der »indirect rule«

Wie erheblich der Einfluss der alliierten Verbindungsoffiziere auf den Willen der verfassunggebenden Versammlung tatsächlich war, lässt sich heute nicht mehr in allen Einzelheiten nachvollziehen. Die Verbindungsoffiziere arbeiteten vornehmlich nach dem Prinzip der

152 Vgl. Murphy an Secretary of State am 10.6.1948, in: FRUS 1948, II, S. 375: Das vorgesehene Dokument Nr. 4 wurde in einer deutlich abgeschwächten Form als »Beilage« übergeben, um dessen Brisanz nicht noch besonders zu unterstreichen; vgl. PR, Bd. 8, S. XVI.

153 Vgl. Murphy an Secretary of State am 30.6.1948, in: FRUS 1948, II, S. 379.

154 Vgl. PR, Bd. 4, Dok. 8, S. 93, u. PR, Bd. 8, Dok. 8, S. 11.

155 Zit. n. PR, Bd. 8, S. 5 f.

»indirect rule«, gaben zumeist also keine direkten Anweisungen, sondern nur begleitende »Hinweise«, »Ratschläge« und »Warnungen«.[156] Zu den Gründen stellt Bernhard Diestelkamp Folgendes fest:

> »General Clay verfolgte dabei die Taktik lediglich sanfter, informeller Beeinflussung der Inhalte mit dem Ergebnis, dass die Deutschen die Verfassungen durchaus als ihr Werk ansehen konnten, obwohl sie in nicht wenigen Punkten amerikanischen Anregungen gefolgt waren.«[157]

In den meisten nachträglichen Darstellungen, in denen über diese »Hintergrundgespräche« etwas berichtet wird, werden diese mehr oder weniger offen idealisiert oder – wie in der Memoirenliteratur üblich – zu einseitig dargestellt. So lässt sich denn mit Bestimmtheit nur sagen, dass sich die alliierte Einflussnahme auf die Verfassungsberatungen der Deutschen jedenfalls dahingehend bemerkbar machte, »dass sie beim internen Widerstreit deutscher Interessen den Ausschlag für die Neigung der Waage zugunsten eines Vorschlages gaben; eine für die damalige Zeit durchaus typische Konstellation zwischen den Alliierten und den deutschen Parteien«.[158]

---

156 Vgl. Grabbe, »Die deutsch-alliierte Kontroverse«, a.a.O., S. 394. Das Prinzip der »indirect rule« fand nicht nur bei den Beratungen des Grundgesetzes Anwendung, es war vielmehr ein integraler Bestandteil der gesamten amerikanischen Besatzungspolitik. Vgl. Klaus-Dietmar Henke: Die amerikanische Besetzung Deutschlands. 2. Aufl. München 1996, S. 99 ff.

157 So Bernhard Diestelkamp: »Verfassungsgebung unter Besatzungsherrschaft in Westdeutschland 1945–1949. Die Länderverfassungen und das Grundgesetz«, in: Heinz Mohnhaupt (Hg.): Rechtsgeschichte in den beiden deutschen Staaten (1988–1990). Frankfurt/Main 1991, S. 667.

158 Erhard H. M. Lange: Die Würde des Menschen ist unantastbar. Der Parlamentarische Rat und das Grundgesetz. Heidelberg 1993, S. 47; so auch Bodo Pieroth: »Amerikanischer Verfassungsexport nach Deutschland«, in: *NJW*, 1989, S. 1336. Er weist darauf hin, »dass der Parlamentarische Rat selbst in vielen Fragen gespalten war und der Einfluss der Alliierten jeweils der einen Seite zum Sieg verhalf«.

Dass die Präsenz der Alliierten und die daraus folgende Einflussnahme auf die Arbeit des Parlamentarischen Rates damals durchaus als mitbestimmender Faktor wahrgenommen wurde, ist durch zahlreiche Zeugnisse belegt. Prominent vor allem durch Konrad Adenauer, der hierzu in seinen *Erinnerungen* schrieb:

> »Im Laufe unserer Arbeit fanden viele Verhandlungen mit den Militärgouverneuren oder deren Vertretern über eine Anzahl von Punkten des Grundgesetzes statt. Wir mussten zahlreichen Wünschen von Seiten der Militärregierung Rechnung tragen, aber wir setzten auch viele Wünsche und Grundsätze gegenüber den Militärregierungen durch.«[159]

Gleiches vermerkte Carlo Schmid, der indes auch hervorhebt, dass die alliierten Berater in den Hintergrundgesprächen in strittigen Fragen das Letztentscheidungsrecht stets der alliierten Seite zubilligten:

> »Den Besatzungsmächten lag daran, in jedem Stadium der Beratung zu erfahren, was in unseren Gedanken vorging, und uns bei Zweifeln über die Konformität unserer Vorstellungen mit ihrer Auslegung der Prinzipien der Frankfurter Dokumente zu beraten, was praktisch bedeutete, uns je und je wissen zu lassen, womit sich die Alliierten nicht einverstanden erklären könnten. Sie bestellten zu diesem Zweck Beamte, deren Aufgabe es war, sie zu informieren und uns jene ›Ratschläge‹ zu übermitteln. Manche jener Berater, denen das uns richtig und notwendig Erscheinende nicht ausreichend demokratisch oder föderalistisch im Sinne der Frankfurter Dokumente er-scheinen wollte, begnügte sich damit, uns zu erklären: ›Wenn Sie dabei bleiben, werden Sie wohl kaum mit der Genehmigung des Grundgesetzes durch die Gouverneure rechnen können […]‹.«[160]

---

159 Adenauer, Erinnerungen, a.a.O., S. 153.

160 Schmid, Erinnerungen, a.a.O., S. 370, und weiter: »So stand von vorneherein fest, dass unsere Entscheidungsfreiheit uns nur Regelungen erlauben würde, die dem nicht widersprachen, was die Alliierten als ihren eigenen politischen Vorstellungen konform ansahen. Dass die Alliierten bei ihren Vorstellungen

Informeller Charakter der ›Beratung‹

Über die offiziellen Zusammenkünfte der Mitglieder des Parlamentarischen Rates mit den alliierten Militärgouverneuren wurde in der damaligen Presse groß berichtet. Über die nicht amtlichen Kontakte mit den alliierten Verbindungsoffizieren liegen hingegen selbst heute nur bruchstückhafte Informationen vor.[161] »Die Gespräche mit den alliierten Militärgouverneuren sowie mit ihren Verbindungsoffizieren und Experten«, heißt es etwa in der »Einleitung« einer von namhafter Seite herausgegebenen Quellensammlung, haben »in den Akten des Parlamentarischen Rates nur geringen Niederschlag gefunden«.[162]

Der Grund für diese Diskretion dürfte nicht in einer Bedeutungslosigkeit dieser Treffen, sondern vor allem darin zu sehen sein, dass die alliierte Beratung so weit wie möglich aus der Öffentlichkeit und den Akten herausgehalten werden sollte.[163] Praktisch bedeutete dies etwa, dass von den Verbindungsoffizieren in den ersten Wochen und

---

ausschließlich bedachten, welche Institutionen den Deutschen am zuträglichsten sein könnten, war nicht anzunehmen; realistischer war, dass sie dabei auch ihre eigenen Interessen im Auge hatten.« (S. 369).

161 Vgl. PR, Bd. 8, S. XXIV f.

162 So in der Einleitung zu: Das Grundgesetz: Dokumentation seiner Entstehung. Hg. v. Hans-Peter Schneider u. a. Bd. 25. Frankfurt/Main 1997, S. XXVIII f.: »Stichproben haben insoweit [...] ergeben, dass diese alliierten Quellen für die Haltung der Besatzungsmächte zum Prozess der Verfassungsgebung in deutscher Hand [...] von allergrößter Bedeutung sind.« Weitere Schlussfolgerungen werden aus diesem Befund von den Herausgebern überraschenderweise nicht gezogen, weil dies ihrer Ansicht nach »wenig zum Verständnis der Textgenese eines bestimmten Grundgesetz-Artikels beitragen« würde. In Bezug auf die konkrete Ausprägung der einzelnen Artikel mag diese Feststellung zutreffend sein, in Bezug auf die von den Herausgebern anvisierte Gesamtdokumentation der Entstehung des Grundgesetzes ist sie dies aber gerade nicht.

163 Werner Weber beklagte die mangelnde Publizität der Verfassungsberatungen und wies darauf hin, »wie wenig die Bonner Beratungen selbst im Kontakt mit der öffentlichen Meinung standen und in welchem Grade sie den Charakter einer internen Angelegenheit der Ratsmitglieder, der Vorstände der maßgebenden Parteien und der Verhandlungen der Sprecher mit der Besatzungsmächte wahrten« (W. Weber, a.a.O., S. 9).

Monaten grundsätzlich keine schriftlichen Dokumente übergeben wurden. Wenn überhaupt, so wurden diese vorgelesen, wobei das teilweise so langsam geschah, dass die Deutschen mitschreiben konnten. Teilweise waren bei diesen Treffen allerdings auch deutsche Stenographen nicht zugelassen.[164] Schon allein die Tatsache, dass und wann es solche Treffen gab, sollte kein Thema für die öffentliche Wahrnehmung sein.

Eine von äußeren Einflüssen freie, d.h. geheime Beratung und Willensbildung fand im Parlamentarischen Rat auch aus anderen Gründen von Beginn an so gut wie nicht statt. Zum einen, weil die alliierten Verbindungsoffiziere dazu autorisiert waren, an jeder Sitzung des Parlamentarischen Rates teilzunehmen, und dessen Drucksachen (auch die als »vertraulich« eingestuften) über den allgemeinen Verteiler erhalten haben.[165] Zum anderen, weil damals zumindest die Telefone der CDU/CSU und der SPD in Bonn von den Alliierten systematisch abgehört wurden.[166]

Cocktailpartys als Beratungstreffen?

Das Wenige, was über diese inoffiziellen Treffen im Nachhinein bekannt wurde, ist indes durchaus bemerkenswert. So steht beispielsweise fest, weil bereits im November 1948 öffentlich durch Adenauer erörtert,[167] dass die alliierten Verbindungsoffiziere ihre Kontakte zum Parlamentarischen Rat planmäßig dazu nutzten, um einzelne Ratsmitglieder in die alliierten Verbindungsbüros auf einen ›Cocktail‹ oder Ähnliches einzuladen. Adenauer monierte dies am 18. Dezember 1948 im Rahmen einer Pressekonferenz mit deutlichen Worten:

> »Was tun die Abgeordneten der verschiedenen Parteien immer wieder bei den Verbindungsstäben, wenn sie morgens mittags und abends dort ein- und ausgehen, essen, Cocktail trinken und

---

164 Vgl. PR, Bd. 8, S. 68 u. 249.

165 Vgl. Besprechung von Vertretern des Sekretariats des Parlament. Rates mit Vertretern der alliierten Verbindungsbüros am 10.9.1948, in: ebenda, S. 6.

166 Vgl. ebenda, S. XXVII.

167 Vgl. ebenda, S. XXVI.

> Einladungen annehmen. Sie sprechen doch über nichts anderes, als über das Grundgesetz, als über die Arbeit dieses Hauses, sie lassen sich ausfragen und liefern so das Material zu falschen Auffassungen und irrigen Meinungsbildungen.«[168]

Dass derartige Vorgehensweisen wohl vor allem dazu dienen sollten, den Redefluss der Betroffenen zu intensivieren, diese also systematisch auszuhorchen und für die Arbeit entsprechend zu motivieren, liegt auf der Hand.[169] Mit welcher Finesse diese Cocktailpartys von den alliierten Verbindungsoffizieren zur Informationsgewinnung vorbereitet wurden, lässt sich etwa daran absehen, dass man zu deren Vorbereitung sogar eigens psychologische Persönlichkeitsprofile der Deutschen angefertigt hatte.[170] Auch ging es bei diesen Treffen darum, langfristig die Herausbildung eines neuen deutschen Politikertyps zu befördern,[171] der die Außenpolitik der USA gegenüber Deutschland grundsätzlich befürworten sollte:

> »Americans obviously hoped or expected to have […] in the end: a ›natural‹, democratically based, constituationally responsible leadership that generally supported American policy and accepted the same definition of necessity that Americans did, even though they might disagree on details.«[172]

---

168 Pressekonferenz von Adenauer in Bonn am 18.12.1948, in: ebenda, S. 82.

169 Nach den Aufzeichnungen Murphys trug Adenauer am 24.11.1948 ihm gegenüber Kritik vor: »He said that the Liason Officers perhaps were apt to entertain a little too much and that Germans are to talk too freely under the influence of alcohol, but apart from that he had no comment.« Vgl. ebenda, S. 52.

170 Zu den Persönlichkeitsprofilen siehe Reiner Pommerin: »Die Mitglieder des Parlamentarischen Rates. Porträtskizzen des britischen Verbindungsoffiziers Chaput de Saintonge«, in: *VfZ*, Bd. 36, 1988, S. 557 ff.

171 Das Magazin *Der Spiegel* (Nr. 22/2020, S. 52 f.) berichtete darüber, dass ein ehemaliger US-Diplomat in vertraulicher Runde darüber berichtet habe, dass ein Drittel der Abgeordneten des ersten deutschen Bundestages auf der »Gehaltsliste« der USA gestanden habe.

172 John Gimbel: »American Military Government and the education of a New German Leadership«, in: *PSQ*, 83 (1968), S. 266.

IV OFFENE INTERVENTIONEN: DIE ZWEI ALLIIERTEN AIDE-MEMOIRES

Unter welchen äußeren Rahmenbedingungen und Zwängen der Parlamentarische Rat das Bonner Grundgesetz auszuarbeiten hatte, war bei Übernahme des Auftrags nicht absehbar gewesen. Aus dem Text der oben erwähnten »Beilage« zum »Frankfurter Dokument« Nr. 3 ließ sich dies nicht entnehmen.[173] Bei dem darin mit dem Terminus »Beratungstätigkeit« beschriebenen Verfahren handelte es sich indes um das zentrale Verfahren der »indirect rule«, mit dem die Alliierten die Beratungen des Parlamentarischen Rates von Beginn an begleiteten. Quasi aus dem Hintergrund heraus versuchten sie dessen Entscheidungen im Sinne derjenigen Prämissen zu beeinflussen, die sie bereits auf der Londoner Konferenz in Form von internen Beurteilungsrichtlinien zu den »Frankfurter Dokumenten« für sich selbst festgelegt hatten.[174] Das bedeutete, dass die Deutschen gemäß den »Frankfurter Dokumenten« zwar eine ›Verfassung‹ zu formulieren hatten, die Aufsicht über den Beratungsprozess jedoch letztlich der »Beratungs«-Kompetenz der Verbindungsoffiziere zugewiesen sein sollte.

Mit zunehmendem Fortgang der Besprechungen des Parlamentarischen Rates zeigte sich, dass eine lediglich »beratende« Unterstützung der Arbeiten am Grundgesetz nicht ausreichen würde, um den alliierten Vorstellungen die nötige Beachtung zu vermitteln. Kritik riefen bei den Militärgouverneuren insbesondere die deutschen Entwürfe zur Finanzverfassung und zur Ausgestaltung der föderativen Bund-Länder-Beziehungen hervor. Diese waren ihnen zu zentralistisch, entsprachen also nicht der in den »Frankfurter Dokumenten« formulierten Vorgabe,

173 Abgedruckt in: PR, Bd. 1, S. 36.

174 Hierzu insbesondere das Dokument »Future Political Organisation of Western Germany« vom 9.4.1948, in: FRUS 1948, II, S. 170 ff. Offiziell ist dieses Dokument von den Militärgouverneuren nicht ratifiziert worden. Es wurde aber zur Information vervielfältigt und bildete quasi die Grundlage aller weiteren diesbezüglichen Planungen. Vgl. dazu grundsätzlich Wehner, a.a.O.

dass eine Verfassung des »föderalistischen Typs« auszuarbeiten sei. So kam es, dass die Alliierten in die laufenden Beratungen zum Grundgesetz offiziell mit zwei Aide-Memoires eingriffen. Gerade das wollte man eigentlich verhindern, um jeden Anschein alliierter Einflussnahme auf den Gang der Grundgesetzberatungen zu vermeiden. Gleichwohl hatten die deutschen Überlegungen sich im Laufe der Beratungen des Parlamentarischen Rates eben in eine aus alliierter Sicht nicht wünschenswerte Richtung entwickelt, weshalb sie ein deutliches Signal geben wollten, um die Deutschen für die weitere Beratung des Grundgesetzes entsprechend zu motivieren.

1. DAS AIDE-MEMOIRE VOM 22. NOVEMBER 1948

Der erste Grundgesetzentwurf

Die erste Lesung des Grundgesetzentwurfes fand nicht im Plenum, sondern zwischen dem 11. November und 10. Dezember 1948 im Hauptausschuss statt,[175] da es zu dieser Zeit noch keinen formulierten Entwurf gegeben hatte. Stattdessen waren am 20. und 21. Oktober auf der Grundlage des Herrenchiemseer Entwurfes die zentralen Fragen in der Vollversammlung debattiert worden.[176] Dies waren die verfassungsrechtliche Legitimität des Grundgesetzes, die rechtliche Kontinuität des deutschen Staates, die Verankerung des Föderalismus sowie der Vertretung der Länder beim Bund (zweite Kammer), Finanzfragen und das Wahlrecht. Kontrovers waren die Meinungen innerhalb der Fraktionen vor allem bei folgenden Themen gewesen: Stellung des Staatsoberhauptes, Bedeutung der zweiten Kammer (Bundesrats- oder Senatslösung), Verteilung der Steuern und Gesetzgebungskompetenzen zwischen Bund und Ländern, Elternrecht, Verhältnis von Kirche und Staat.

Die alliierten Militärgouverneure mussten bei den Beratungen im Hauptausschuss bereits nach kurzer Zeit den Eindruck gewinnen, dass vor allem die deutschen und alliierten Vorstellungen über den

175 Verhandlungen des Hauptausschusses, 2. Sitzung (11.11.1948) – 26. Sitzung (10.12.1948), S. 1–312.

176 6. u. 7. Sitzung am 20. u. 21.10.1948, PR, Stenograph. Bericht, S. 69 u. 124.

staatsorganisatorischen Aufbau des Bonner Grundgesetzes in großen Teilen nicht deckungsgleich waren. Aus den Berichten der für sie tätigen Verbindungsoffiziere ergab sich, dass der Parlamentarische Rat insbesondere in den Entwürfen einer zukünftigen, föderalen Staatsordnung deutlich von den in dieser Hinsicht gemachten Vorgaben abwich. In Vorbesprechungen kamen die Militärgouverneure daher überein, die Frage einer möglichen Reaktion auf ihrem turnusmäßigen Treffen am 16. November zu beraten.

Die Sitzung wurde von dem französischen Militärgouverneur Koenig geleitet. In der Aussprache über die sich aus ihrer Sicht als heikel darstellende Entwicklung, vertrat dieser die Ansicht, man müsse den Deutschen in offizieller Form mitteilen, dass die Beratungen in Bonn einen falschen Weg genommen hätten: »The time had come to tell the Parliamentary Council at Bonn that it is taking the wrong way.[177]

Dem Versuch des Parlamentarischen Rates, führte Koenig aus, dem Bund bei den Gesetzgebungskompetenzen (»exzessive Kompetenzen«) und vor allem auf dem Finanzgebiet eine außerordentlich starke Stellung zuzuweisen, müsse entgegengetreten werden. Der Entwurf sei insgesamt zu zentralistisch geraten. Nach einer längeren Diskussion über die Methode, wie der Rat von den alliierten Einwänden in Kenntnis gesetzt werden sollte, einigten sich die Militärgouverneure darauf, dass ihre politischen Berater ein unsigniertes Aide-Memoire ausarbeiten sollten. In der Sache sollten dem Parlamentarischen Rat damit die auf der Londoner Konferenz erarbeiteten Instruktionen, der »letter of advice« zur Verfassung und zum Besatzungsstatut, zur Kenntnis gebracht werden. Diese Vorgaben hatte man den Deutschen gegenüber bislang geheim gehalten.

Letter of guidance

Das als »letter of guidance« überschriebene Memorandum wurde dem Parlamentarischen Rat am 22. November 1948 bekannt gegeben. Adenauer, der das Memorandum ursprünglich gar nicht selbst hatte entgegennehmen wollen, erschien bemerkenswerterweise nur auf

177 Vgl. Murphy an Secretary of State am 17.11.1948, in: FRUS 1948, II, S. 440.

»ausdrücklichen Befehl« zu dessen Übergabe im Haus des britischen Verbindungsstabes.[178] In Form und Inhalt übten die Alliierten sich darin in größtmöglicher Zurückhaltung, um die laufende Beratung nicht mit dem Odium eines Diktats zu belasten.[179] Dennoch bedeutete die offizielle Überreichung eines Aide-Memoire das Abgehen des bis dahin geübten Prinzips der »indirect rule«.[180]

Insgesamt enthält das Aide-Memoire acht Punkte, die das am 1. Juli 1948 übergebene »Frankfurter Dokument« Nr. 1 näher erläutern.[181] Einleitend heißt es darin, dass zwar verschiedene Möglichkeiten existierten, einen föderalistischen Staat zu errichten. Dennoch solle aber das Grundgesetz »to the maximum extent possible« die folgenden Vorgaben berücksichtigen: eine starke Ländervertretung, eine weitgehende Einschränkung und enumerative Begrenzung der dem Bund zustehenden Kompetenzen, die ausschließliche Zuständigkeit der Länder für das »Erziehungswesen, kulturelle und kirchliche Angelegenheiten, Selbstverwaltung und öffentliches Gesundheitswesen« sowie eine Finanzverfassung, die dem Bund lediglich die zur Wahrnehmung seiner Aufgaben notwendigen Einnahmen belassen sollte. Im Einzelnen stellen sich die Forderungen wie folgt dar:

Punkt a) forderte ein legislatives Zweikammersystem, das in möglichst hohem Grad ausgebildet werden müsse. In einer der

178 Ergänzender Bericht über die Übergabe des alliierten Memorandums, in: PR, Bd. 8, S. 48 f.

179 Der Leiter des Büros der Ministerpräsidenten in Wiesbaden, Leisewitz, berichtete am 22.11.1948 über die Form der Übergabe: »Man hat von alliierten Seite größten Wert darauf gelegt, dass diese Demarche nicht als ein Versuch gewertet wird, Einfluss auf den Arbeitsgang des Parlamentarischen Rates zu nehmen« (ebenda, S. 45).

180 Offiziell veröffentlicht wurde der »letter of guidance« erst im Januar 1949. Auch hier geschah dies jedoch in möglichst unscheinbarer Form, nämlich dass dieses lediglich als »Anlage« zum Kurzprotokoll der 9. Sitzung des Hauptausschusses vom 25.11.1948 veröffentlicht wurde (siehe ebenda, S. 37, Fn. 3).

181 Memorandum der Militärgouverneure vom 22.11.1948 (»letter of guidance«), in: ebenda, S. 37 ff.

beiden Kammern müssten »die einzelnen Länder vertreten« sein, zudem müssten diese über »genügende Befugnisse« verfügen, »um die Interessen der Länder wahren zu können«.

PUNKT B) legte sinngemäß fest, dass die Exekutive nur »die Befugnisse haben (dürfe), die in der Verfassung genau vorgeschrieben« wären. Etwaige Ausnahmebefugnisse der Exekutive müssten, »wenn überhaupt«, so beschränkt werden, dass sie unverzüglich einer parlamentarischen oder (verfassungs-)gerichtlichen Nachprüfung unterzogen werden könnten.

PUNKT C) forderte, dass »die Befugnisse der Bundesregierung auf diejenigen beschränkt« seien, »die ausdrücklich in der Verfassung aufgezählt« wären, sich aber in keinem Fall auf das Erziehungswesen, kulturelle und kirchliche Angelegenheiten, Selbstverwaltung und öffentliches Gesundheitswesen erstrecken dürften. Auf dem Gebiet der öffentlichen Wohlfahrt seien die Befugnisse auf das zu begrenzen, was für die Koordinierung sozialer Maßnahmen notwendig wäre, auf dem Gebiet der Polizei auf diejenigen Aufgabenfelder, die während der Besatzungszeit von den Militärgouverneuren ausdrücklich gebilligt worden seien.

PUNKT D) schrieb sinngemäß vor, dass die steuerlichen Einnahmen des Bundes auf die zur Erfüllung seiner eigenen Verpflichtungen (»Zwecke) benötigten beschränkt sein müssten. Die Erhebung und Verwendung (»Einziehung und Nutznießung«) aller sonstigen Steuern müsse Sache der Länder sein.

PUNKT E) verlangte, dass die Verfassung eine unabhängige (Verfassungs-) Gerichtsbarkeit vorsehen müsse: zur Nachprüfung von Bundesgesetzen, zur Nachprüfung der Ausübung der Befugnisse der Bundesexekutive, zur Entscheidung über Streitigkeiten zwischen Behörden des Bundes und der Länder und der Landesbehörden sowie zur Wahrung der bürgerlichen Rechte und Freiheiten des Einzelnen.

PUNKT F) forderte, dass die Befugnisse des Bundes zur Schaffung von eigenen Bundesbehörden für die Ausführung von Bundesgesetzen klar umrissen und auf diejenigen Gebiete beschränkt sein sollten, bei denen die Verwaltung durch Landesbehörden offensichtlich undurchführbar wäre.

Punkt g) verlangte, dass jeder Bürger Zutritt zu allen öffentlichen Ämtern haben müsse und dass Einstellungen und Beförderungen ausschließlich von der individuellen Eignung und Befähigung, die Anforderungen des Amtes zu erfüllen, abhängen dürften. Der öffentliche Dienst müsse einen strikt unpolitischen Charakter haben.

Punkt h) knüpfte an die vorige Bestimmung an und forderte, dass ein öffentlich Bediensteter, der in das Bundesparlament gewählt würde, vor der Annahme der Wahl von seinem Amt bei der ihn beschäftigenden Behörde zurücktreten müsse.

Deutsche Reaktion

Dass es sich bei dem Memorandum um nichts anderes als um einen bis dahin geheim gehaltenen Annex zu den Londoner Empfehlungen, also um *conditiones sine qua non* handelte, ist weder aus dem Inhalt noch aus der Form des Dokuments ersichtlich.[182] So ist es denn auch zu erklären, dass die meisten deutschen Politiker das Aide-Memoire als eine Einmischung, ja sogar – unter Anspielung auf den Versailler Friedensvertrag von 1919 – als ein »Diktat« der Alliierten schlichtweg ablehnten.[183] An dessen Rechtsverbindlichkeit ließ dessen Schlusssatz jedoch keinen begründeten Zweifel:

> »Die Militärgouverneure werden sich bei der endgültigen Prüfung des Grundgesetzes (der vorläufigen Verfassung) und etwaiger späterer Änderungen von diesen Grundsätzen leiten lassen und werden das Grundgesetz (die vorläufige Verfassung) als Ganzes betrachten, um festzustellen, ob die wesentlichen Forderungen des Dokument Nr. 1 erfüllt worden sind oder nicht.«[184]

182 Vgl. ebenda, S. XXXI.

183 Vgl. dazu Michael F. Feldkamp: Der Parlamentarische Rat 1948–1949. Die Entstehung des Grundgesetzes. Göttingen 1998, S. 102 u. 110.

184 Memorandum der Militärgouverneure vom 22.11.1948, in: PR, Bd. 8, S. 39.

Trotz der qualitativen Bedeutung dieser unschwer als Ablehnungsandrohung zu erkennenden Formulierungen kam man im Parlamentarischen Rat überein, das Aide-Memoire vorerst zu ignorieren. In diesem Sinne fasste der Hauptausschuss den Beschluss, darin »lediglich eine Erläuterung«, also keine verbindliche Weisung zu sehen: »Die Abgeordneten des Parlamentarischen Rates setzen die Beratungen als Vertreter des deutschen Volkes fort, dessen Vertrauen sie nach Bonn entsandt hat.«[185]

Nach dem Willen der Mehrheit der Abgeordneten des Parlamentarischen Rates sollte der Fortgang der Arbeiten am Grundgesetz durch das Aide-Memoire nicht beeinträchtigt werden. Der Entwurf des Grundgesetzes sollte zunächst fertig beraten und dann den Alliierten zur Gänze vorgelegt werden. Dem lag die Annahme zugrunde, dass den Militärgouverneuren die Ablehnung des gesamten Verfassungswerkes sehr viel schwerer fallen würde als die fortlaufende Kritik und Zurückweisung einzelner Artikel oder Teilabschnitte einer Entwurfsfassung, die sich selbst noch in *statu nascendi* befand.[186]

2. FRANKFURTER TREFFEN VOM 16./17. DEZEMBER 1948

Empfehlung oder verbindliche Weisung?

Mit dem »Frankfurter Dokument« Nr. 1 hatten die Alliierten die Schaffung einer »Regierungsform des föderalistischen Typs für die beteiligten Länder« gefordert. Dass sich die deutschen Politiker ihrer Ansicht nach in der Beratung des ersten Grundgesetzentwurfes insbesondere in den Bereichen zweite Kammer, Verteilung der Steuern zwischen Bund und Ländern sowie Organisation der Finanzverwaltung von dieser strukturellen Vorgabe entfernt hatten bzw. die Vorstellungen über deren normative Umsetzung nicht deckungsgleich waren, war mit

185 Vgl. Schmid, Erinnerungen, a.a.O., S. 380; Murphy an Secretary of State am 2.12.1948, in: FRUS 1948, II, S. 447.

186 Dieses Vorgehen wurde u. a. von Carlo Schmid empfohlen; vgl. John Ford Golay: The Founding of the Federal Republic of Germany. Chicago 1958, S. 95 u. 210, Anm. 118.

Übergabe des Aide-Memoire deutlich geworden. Die in dem Memorandum enthaltenen Beurteilungsrichtlinien waren insgesamt jedoch sehr vage gehalten. Letzte Klarheit über die Abweichung der jeweiligen Positionen war aus diesen nicht zu gewinnen.

Dass über die Motive und konkreten verfassungspolitischen Vorstellungen der Militärgouverneure nur bruchstückhafte Informationen vorhanden waren, wurde von deutscher Seite als großer Nachteil empfunden. Adenauer nahm deshalb eine für den 16. Dezember angesetzte Besprechung einer Ratsdelegation mit den Militärgouverneuren zum Anlass, sich um Klärung von noch offenen Fragen zu bemühen.[187] Dabei wies er auf die »verschiedenen Interpretationsmöglichkeiten« (»varios interpretations«) des Aide-Memoire vom 22. November 1948 hin und bat die Militärgouverneure sinngemäß um eine Auskunft über zentrale inhaltliche Fragen zur Ausgestaltung des Grundgesetzes. Es ging ihm dabei vor allem um drei Punkte: die Ausgestaltung der zweiten Kammer, die Reichweite der Finanzhoheit des Bundes und die Ratifizierung durch Plebiszit oder durch die Landtage.[188]

Die erbetenen Klarstellungen bezogen sich auf die zwischen den deutschen Parteien umstrittenen Verfassungsfragen und auf die unterschiedlichen Aussagen zur Ausgestaltung der Finanzverfassung im Entwurf des Hauptausschusses sowie im Aide-Memoire der Alliierten vom 22. November. Außerdem bezeichnete Adenauer es als wünschenswert, wenn die Alliierten ihre Vorstellungen zur Länderkammer, die verschiedene Interpretationen zuließen, präzisieren würden. Zum Schluss erhob er noch die Forderung, das Besatzungsstatut bekannt zu geben.

Die Sitzung musste ohne konkretes Ergebnis auf den Folgetag vertagt werden, da die Militärgouverneure sich zunächst intern auf eine Antwort einigen mussten.[189] Bei dem neuerlichen Treffen nahm

---

187 Vgl. Besprechung von Vertretern des Parlament. Rates mit den Militärgouverneuren vom 16.12.1948, in: PR, Bd. 8, S. 61 ff.; vgl. auch Adenauer, Erinnerungen, a.a.O., S. 159 ff.

188 Vgl. PR, Bd. 8, S. 69 und die dortigen Hinweise; auch PR, Bd. 4, S. XIX.

189 In einem zusammenfassenden Bericht bezeichnete Murphy die Atmosphäre dieses Treffens als »rather unhappy« für die Deutschen; vgl. FRUS 1948, II, S. 645.

Robertson dann zu den von Adenauer angeschnittenen Punkten mündlich Stellung. Er ließ erkennen, dass die Militärgouverneure für eine Ratifizierung des Grundgesetzes nicht mehr unbedingt eine Volksabstimmung fordern würden. Eine Ratifizierung durch die Landtage würden sie wohlwollend prüfen. Gleiches gelte auch für die Frage der Zusammensetzung und Befugnisse der zweiten Kammer. Die deutschen Vorschläge zur Finanzverfassung nähmen sie jedoch mit beachtlicher Besorgnis (»considerable concern«) zur Kenntnis. Ihrer Ansicht nach stünde diese im Widerspruch zum Aide-Memoire vom 22. November. Clay erklärte: »In his opinion, certain provisions of the Basic Law (Provisional Constitution) were in formal contradiction of the Aide-Memoire transmitted to the Constitutional Assembly through the Liason Officers.«[190]

Enttäuschung und sog. Frankfurter Affäre

Diese Stellungnahme muss auf die Deutschen damals wie ein Schock gewirkt haben. Denn sie erfuhren wiederum nichts über den Inhalt des angekündigten Besatzungsstatuts, das im Fall des Inkrafttretens des Grundgesetzes ja erhebliche Bedeutung für dieses haben musste. Für sie überraschend war auch, dass die Militärgouverneure einen wesentlichen Teil der bis dahin erarbeiteten Finanzverfassung des Grundgesetzes als im Widerspruch zu ihren Vorstellungen stehend ansahen. Damit betraf der Dissens unweigerlich das Selbstverständnis der Mitglieder des Parlamentarischen Rates. Handelten diese als freie Vertreter des deutschen Volkes oder war ihre Stellung die von »Befehlsempfängern«[191], gegen die der Vorwurf der Kollaboration mit den Alliierten erhoben werden konnte?[192]

---

190 Zu diesem Treffen: Minutes of a Meeting between the Military Governors […] and a Parliamentary Council delegation, in: FRUS 1948, II, S. 641 ff.; PR, Bd. 8, S. 68 ff.

191 Vgl. Schmid, Erinnerungen, a.a.O., S. 380.

192 Vgl. PR, Bd. 8, S. XXXVIII u. Dokument 30, S. 73 f.

Im Anschluss an das Treffen mit den Militärgouverneuren entluden sich die unter den Deutschen ohnehin bestehenden Spannungen in offenen Auseinandersetzungen, die zum Teil auch im Parlamentarischen Rat öffentlich ausgetragen wurden. Uneinig war man sich bereits darüber, ob die Alliierten die Deutschen eingeladen hatten oder ob es diese waren, die um ein Gespräch mit den Militärgouverneuren gebeten hatten. Insbesondere aus den Reihen der SPD wurde der Vorwurf laut, dass Adenauer mit seinen Fragen die Alliierten zum »Schiedsrichter« habe machen wollen. Er habe sie zu einem Schiedsspruch zwischen den Positionen von SPD und FDP sowie seiner Fraktion im Sinne der Vorstellungen der Unionsparteien zu motivieren versucht. Darüber hinaus habe er Interna ausgeplaudert, ohne dazu ermächtigt gewesen zu sein.

Die Vorwürfe gipfelten in einem Misstrauensvotum, das die SPD-Fraktion im Anschluss an eine Sitzung des Hauptausschusses am 18. Dezember 1948 gegen Adenauer einbrachte.[193] Im Ergebnis zeigte das Votum zwar keine weiteren Folgen, weil es in der Abstimmung keine Mehrheit erzielte.[194] Zudem hatte die SPD-Fraktion Adenauer nicht in seiner Eigenschaft als Präsident des Parlamentarischen Rates, sondern nur als Delegationsleiter der Abgesandten des Rates der Frankfurter Besprechung das Misstrauen ausgesprochen. Allein der Umstand, dass es hierzu kam, zeigt aber deutlich, wie angespannt die innenpolitische Lage zu diesem Zeitpunkt war.

Innerdeutsche Dissonanz

Ob der gegen Adenauer erhobene Vorwurf der Kompetenzüberschreitung berechtigt war oder sich darin vor allem die Enttäuschung über das Scheitern der Gespräche mit den Alliierten ausdrückte, war im Laufe des Dezember 1948 Gegenstand heftiger Meinungsverschiedenheiten zwischen den im Parlamentarischen Rat vertretenen Fraktionen. Adenauer selbst wies stets alle gegen ihn erhobenen Beschuldigungen zurück; er sah »nichts Ehrenrühriges darin, die Gouverneure über

---

193 Vgl. PR, Verhandlungen, Stenograph. Bericht, S. 331; PR, Bd. 8., S. XXXVIII.

194 Vgl. PR, Bd. 4, S. XX, Fn. 85.

die deutschen Schwierigkeiten ins Bild zu setzen«.[195] Die im Raum stehenden Vorwürfe beeinflussten den Fortgang der Arbeiten am Grundgesetz dennoch derart negativ, dass die Beratungen im Dezember 1948 zeitweise zu scheitern drohten. So bemerkte selbst Adenauer auf einer Pressekonferenz am 18. Dezember 1948 zur Situation im Parlamentarischen Rat, »dass er daran zweifle«, »dass wir zu irgendeinem Ergebnis kommen werden«.[196]

Noch vor Ende des Jahres kam es am 28. Dezember 1948 im Hauptausschuss des Parlamentarischen Rates zu einer offenen Aussprache. Adenauer rechtfertigte sich, die Militärgouverneure um Klärung von verschiedenen Punkten gebeten zu haben, wie folgt:

> »Weder haben wir Entscheidungen von ihnen [den Militärgouverneuren, d. Verf.] erbeten, noch haben sie irgendwann die Absicht erkennen lassen, Entscheidungen zu fällen. Es darf nach unserer Auffassung unter keinen Umständen der Eindruck entstehen, als ob der Parlamentarische Rat auf die gesetzgebende Autonomie, die ihm übertragen wurde, verzichten wollte und so die Militärgouverneure noch vor Abschluss der Beratungen in eine Rolle gedrängt würden, die weder ihren Intentionen noch der Auffassung des Parlamentarischen Rates über den Rahmen seines Auftrages entspricht.«[197]

Zum Jahreswechsel 1948/49 kam es dann zu einer Beruhigung der erhitzten Gemüter. Genauso plötzlich wie der Konflikt begonnen hatte, hörte er einfach wieder auf. Die unter den Deutschen zur »Frankfurter

---

195 Weymar, a.a.O., S. 74.

196 In der zeitgenössischen Presse wurde dies aufgegriffen mit Untertiteln wie folgt: »Arbeit des Rates gefährdet«, »Grundgesetz gefährdet?« oder »Erfolg der Arbeit gefährdet?«, vgl. *Welt am Sonntag, Der Tag* und *Aachener Volkszeitung* jeweils vom 19.12.1948.

197 So Konrad Adenauer am 28.12.1948 im Hauptausschuss, in: PR, Verhandlungen, S. 333; auch abgedruckt in: PR, Bd. 8, S. 69, Fn. 7; Adenauer, Erinnerungen, a.a.O., S. 161 ff.

Affäre« aufgebauschten Dissonanzen wurden jedenfalls am 5. Januar 1949 offiziell beigelegt.[198]

3. BERATUNG DER MILITÄRGOUVERNEURE

Übermittlung des ersten Grundgesetzentwurfes

Am 11. Februar 1949 übermittelte der Parlamentarische Rat den fertigen Entwurf des Grundgesetzes in der Fassung der dritten Lesung des Hauptausschusses an die Militärgouverneure.[199] Um die getroffenen Regelungen zu erläutern, versandte man mit gleicher Post eine vom Fünfer-Ausschuss erarbeitete Denkschrift über den »föderativen Charakter des Grundgesetzes«.[200] In der Erwartung, dass die Militärgouverneure zu dem eingereichten Entwurf alsbald ihre Zustimmung erteilen würden, rechnete man im Rat damit, am 25. Februar mit der zweiten Lesung im Plenum die Schlussphase der Grundgesetzberatungen eröffnen zu können.[201]

Die Hoffnung auf einen schnellen Abschluss der notwendigen deutsch-alliierten Verhandlungen sollte sich nicht erfüllen. Die Militärgouverneure vermochten untereinander so schnell zu keiner Einigung zu finden. Am 18. Februar ließen sie dem Rat nur mitteilen, dass sie den eingereichten Entwurf noch prüfen müssten, »um festzulegen, wie weit er den alliierten Forderungen, wie sie in dem Aide-Memoire vom 22. November 1948 dargelegt sind, entspricht«.[202] Der Ältestenrat fasste daraufhin den Beschluss, die Schlussberatung des Grundgesetzes vorerst auszusetzen. Als Zwischenlösung kam man überein, die Lesung des Wahlrechts im Hauptausschuss und im Plenum vorzuziehen.[203]

---

198 Vgl. PR, Bd. 8, S. XXXV ff.; ebenso Adenauer, Erinnerungen, a.a.O., S. 159 ff.

199 Grundgesetzentwurf vom 10.2.1949, in: PR, Bd. 7, S. 396 ff.

200 Memorandum des Fünfer-Ausschusses an die Alliierten über den föderalen Charakter des Grundgesetzentwurfes, in: PR, Bd. 8, S. 101 ff.

201 Litchfield, der Berater des amerikanischen Militärgouverneurs Clay, setzte Adenauer bereits am 11.2.1949 inoffiziell über die Bedenken der Alliierten gegen den ersten Entwurf in Kenntnis. Vgl. ebenda, S. 115.

202 Memorandum der Militärgouverneure, in: ebenda, S. 109; vgl. auch S. 111 f.

203 Vgl. Sitzung des Ältestenrates am 17.2.1949, in: PR, Bd. 10, S. 87 f.

Alliierte Beratung

Am 16. Februar 1949 berieten die Militärgouverneure auf ihrer turnusmäßigen Sitzung den vom Parlamentarischen Rat vorgelegten Entwurf des Grundgesetzes.[204] Im Verlauf ihrer Gespräche stellte sich recht schnell heraus, dass der Rat insbesondere im Bereich der Finanzverfassung sowie der konkurrierenden Gesetzgebung nach wie vor auf Bestimmungen beharrt hatte, die ihrer Ansicht nach zu einem Übergewicht des Bundes und damit zwangsläufig zur Schwächung der mit dem »Frankfurter Dokument« Nr. 1 vorgeschriebenen föderalistischen Ordnung führen müsste. Ein Befund, den die Militärgouverneure für unvereinbar mit den von ihnen gestellten Vorgaben erachteten. Gerade diese hatten sie aus ihrer Sicht auch bereits zur Genüge mit dem Aide-Memoire vom 22. November umfassend erläutert: Der Tenor der weiteren Diskussion zeigt deutlich, dass sie den Grundgesetzentwurf in der vorgelegten Form keinesfalls zu billigen bereit waren.

Für ihre Beratung konnten die Militärgouverneure sich auf die Vorarbeiten ihrer Verbindungsoffiziere stützen. So bspw. auf eine von Hans Simons am 13. Februar 1949 zum Grundgesetzentwurf gefertigte, 27-seitige Analyse. Das Grundgesetz, stellte Simons eingangs fest, stelle einen Kompromiss dar, der in vollem Wissen um und gegen die alliierten Forderungen zwischen den deutschen Parteien geschlossen sei. Weiter heißt es darin, dass das Grundgesetz »verbose and excessively complicated in language« (S. 7) wäre. Die Gesetzgebungsbefugnisse des Bundes, fuhr Simons fort, seien zu umfangreich (S. 10). Die zentrale Kritik war jedoch folgende:

> »In spite of the fact that the Laender though the Bundesrat have a stronger position in the legislative process, the basic feature is the breath of federal power which can be used for rapid centralization, if the majority of the Land governments should come under domination of the same party or same coalition which controls the Federal Government.« (S. 23).[205]

204 Vgl. zu dieser Sitzung: Murphy an Secretary of State, in: FRUS 1949, III, S. 199 ff.

205 Vgl. Hans Simons: »Draft of report on Basic law« vom 13.2.1949, zit n. Schockenhoff, a.a.O., S. 223 f.

Unvereinbarkeit der Positionen

Als Ergebnis stellten die Militärgouverneure am Ende ihrer Sitzung zunächst fest, dass der ihnen vorgelegte Entwurf des Grundgesetzes mit den inhaltlichen Vorgaben des »Frankfurter Dokument« Nr. 1 unvereinbar wäre. Sie berieten dann weiter, auf welche Weise man dies der deutschen Seite bekannt geben sollte. Da der Entwurf zu diesem Zeitpunkt noch nicht abschließend vom Plenum des Parlamentarischen Rates beraten und verabschiedet worden war, standen den Militärgouverneuren grundsätzlich zwei Reaktionsmöglichkeiten offen. General Robertson skizzierte diese wie folgt:

> »Erstens könne man bis zur endgültigen Verabschiedung warten und dann eine Entscheidung treffen. Falls das Grundgesetz abgelehnt werden müsse, seien die Alternativen allerdings gleichermaßen tragisch zu nennen; der Parlamentarische Rat könne dann entweder Zusätze (*amendments*) in Form eines alliierten Diktats hinnehmen oder aber seinen Auftrag zurückgeben. Die zweite, geeignetere Möglichkeit bestehe in einer erneuten Übermittlung von Hinweisen, die dann vor der Abschlussberatung im Plenum berücksichtigt werden könnten.«[206]

In seinen Ausführungen ließ sich Robertson von der Überlegung leiten, dass der vorliegende Grundgesetzentwurf das Ergebnis eines mühsam zwischen den im Parlamentarischen Rat vertretenen Parteien zustande gebrachten Kompromisses darstellte. Veränderungen mussten zwangsläufig auf die Grundlage dieses Kompromisses einwirken, gegebenenfalls würden solche sogar diese Grundlage gefährden, was wiederum die geforderte Annahme des Grundgesetzes durch die Länder fraglich werden ließ.

Position Clays

Gegen die von Robertson befürwortete Vorgehensweise erhob im weiteren Verlauf der Sitzung insbesondere sein Kollege Clay Widerspruch.

---

206 So Grabbe, »Die deutsch-alliierte Kontroverse«, a.a.O., S. 396 f.; vgl. Murphy an Saltzmann am 17.2.1949, in: FRUS 1949, III, S. 199 f.

Die von Robertson empfohlene Vorgehensweise erscheine ihm zu nachsichtig. Er selbst sei von dem eingereichten Entwurf maßlos enttäuscht. Dieser sei zu »zentralistisch«. Nun müsse man Härte zeigen: »We can probably only get what we want by dictating it.«[207]

Clay, der sich bei seiner Kritik auf die Analyse seines politischen Beraters Simons stützen konnte,[208] vertrat die Ansicht, dass man den Deutschen bereits mit dem Aide-Memoire vom 22. November alles Erforderliche gesagt habe. Man könne erwarten, dass das Grundgesetz in Einklang mit den erteilten Hinweisen gebracht werde. Weitere Anweisungen dürfe man nicht geben. Notfalls müsse man diktieren: »If that means no Western German government then there would be no Western German government.«[209]

Der französische Militärgouverneur Koenig neigte wie Clay der Auffassung zu, dass die Arbeit des Parlamentarischen Rates den falschen Weg (»wrong path«) genommen hätte.[210] Er selbst sehe ebenfalls Kritikpunkte. Gleichwohl tendiere er wie Robertson zu einem maßvollen Vorgehen. Er schlug vor, den Deutschen besser nochmals ein Aide-Memoire zu übermitteln.

Am Ende setzte sich, trotz nach wie vor bestehender Bedenken auf Seiten Clays, die von Robertson vorgeschlagene zweite Variante durch. Der eingereichte Entwurf des Grundgesetzes, so kam man überein, sollte nochmals von den politischen Beratern analysiert werden.[211] Auf dieser Basis solle dann ein gemeinsamer Vorschlag entwickelt werden. Notfalls könne man immer noch einzelne Abschnitte des Grundgesetzes suspendieren.

---

207 Vgl. ebenda, S. 200.

208 Vgl. Simons, zit. n. Schockenhoff, a.a.O., S. 223.

209 Vgl. Murphy an Saltzmann, a.a.O., S. 202. Hier ist u.a. Folgendes zu lesen: »General Clay opposed to this as he never thought approval would be merely a rubber stamp. The Council has had ample warning that certain provisions could not be approved and we had no obligation to accept a constitution containing them.«

210 Vgl. Murphy an Saltzmann am 17.2.1949, in: FRUS 1949, III, S. 202.

211 Vgl. Murphy an Secretary of State am 25.2.1949, in: FRUS 1949, III, S. 207 ff.

4. DAS ZWEITE AIDE-MEMOIRE VOM 2. MÄRZ 1949

Neue Zehn-Punkte-Forderung

Am Abend des 1. März 1949 bestellten die drei Militärgouverneure eine Delegation des Parlamentarischen Rates für 14 Uhr des folgenden Tages zu sich nach Frankfurt/Main. Dort wollte man den Deutschen eine weitere Stellungnahme zum vorliegenden Entwurf des Grundgesetzes bekannt geben.[212] Aus deutscher Sicht überraschend, eröffnete Robertson der Delegation dann, dass die eingereichte Entwurfsfassung des Grundgesetzes nicht gebilligt werden könne. Der vorliegende Entwurf, so führte Robertson dezidiert anhand einer Zehn-Punkte-Erklärung weiter aus,[213] weiche von den Forderungen des Aide-Memoires vom 22. November erheblich ab. In acht Bereichen weise er dazu sogar deutliche Inkompatibilitäten auf. Wiederum ging es vor allem um die Finanzverfassung und die Aufteilung der Gesetzgebungskompetenzen, diesmal aber auch um die Justizeinheit und die Frage der Einbeziehung Berlins in den Geltungsbereich des Grundgesetzes.

Die Militärgouverneure kritisierten den deutschen Grundgesetzentwurf in ihrem Memorandum vom 2. März 1949 in sehr eindringlicher Form und Schärfe (»urgent attention«).[214] Unbeanstandet blieben nur der Grundrechtsteil und der die allgemeine Staatsorganisation der Bundesrepublik regelnde Abschnitt. Als nicht genehmigungsfähig verworfen wurden hingegen die von den Deutschen getroffene Regelung über die konkurrierende Gesetzgebung (und auch die Rahmengesetzgebung) des Bundes sowie der Teil der Finanzverfassung.

---

212 Vgl. Besprechung vom 2.3.1949, in: PR, Bd. 8, S. 120 ff. Adenauer war erst am Abend des 1.3. telefonisch darüber in Kenntnis gesetzt worden, dass die drei Militärgouverneure am nächsten Tag um 14 Uhr eine Abordnung des Parlament. Rates in Frankfurt/Main empfangen wollten, um diesen ein weiteres Aide-Memoire zu übergeben.

213 Die Zehn-Punkte-Erklärung ist enthalten in: Murphy an Secretary of State am 2.3.1949, in: FRUS 1949, III, S. 217 ff.; auch abgedruckt in: PR, Bd. 8, S. 131 ff.

214 Memorandum der Militärgouverneure zum Grundgesetzentwurf vom 2.3.1949, in: PR, Bd. 8, S. 136.

Insgesamt benannten die Militärgouverneure 26 Punkte, in denen ihrer Ansicht nach nicht der Bund, sondern die Länder die Kompetenz erhalten müssten. Um die finanzielle Unabhängigkeit der Länder zu gewährleisten, forderten sie darüber hinaus ein duales System der Steuergesetzgebung und -verwaltung. Das Modell des vom Parlamentarischen Rat erarbeiteten Ausgleichs des Steueraufkommens zwischen finanzstarken und -schwachen Ländern lehnten sie vollständig ab.

In ihrer Analyse des vorliegenden Grundgesetzentwurfes beschränkten die Militärgouverneure sich nicht nur auf die Äußerung von Kritik. Diesmal warteten sie auch mit konkret ausformulierten Gegenvorschlägen (»other provisions«) auf, deren Übernahme sie kategorisch forderten. So verlangten sie vor allem, dass die konkurrierende Gesetzgebungskompetenz des Bundes in eine Vorranggesetzgebung der Länder umgeformt werden sollte. Die Bundesgesetzgebung sollte überhaupt nur dann eingreifen, »wenn es offenbar für ein einziges Land unmöglich ist, wirksame Gesetze zu erlassen, oder wenn solche Gesetze, falls erlassen, den Rechten oder Interessen anderer schädlich wären«.[215] Im Bereich der Finanzverfassung sollten dem Bund lediglich die Einnahmen zugestanden werden, die er brauche, um seine Verpflichtungen zu erfüllen.

Bildung eines Staatenbundes?

An dem Willen der Militärgouverneure, nur einen deutlich modifizierten Grundgesetzentwurf zu genehmigen, konnte nach deren Auftreten kein Zweifel bestehen. Wären die Deutschen dem nachgekommen, hätte der von ihnen zu gründende Weststaat allerdings eher einem lockeren Staatenbund, nicht also einem Bundesstaat geähnelt. So hätte etwa die Beschneidung des konkurrierenden Gesetzgebungsrechts des Bundes dazu geführt, dass die mittels des BGB, HGB und StGB sowie

---

215 Wie wichtig diese Forderung für die Alliierten damals war, lässt sich daran absehen, dass Murphy diesen Zusatz als »most important compromise [...] which in effects would limit the federal government›s competence in the field of priority legislation to those matters affecting more than one Land« bezeichnete. So Robert Murphy an Secretary of State am 25.2.1949, in: FRUS 1949, III, S. 207.

den damit zusammenhängenden Reichsjustizgesetzen geschaffene Rechtseinheit in den westlichen Besatzungszonen zerschlagen worden wäre.[216] Die Anbindung der Bundeseinnahmen an die »Verpflichtungen« des Bundes hätte dazu geführt, dass dieser seinen Finanzbedarf den Ländern gegenüber jährlich durch einen Haushaltsplan hätte nachweisen müssen. Eine längerfristige Finanzpolitik wäre hierdurch zweifelsohne nicht mehr möglich gewesen.

Am 11. März 1949 verwies der französische Militärgouverneur Koenig in einer Besprechung mit den Regierungschefs der französischen Zone nochmals mit Nachdruck darauf, dass das Aide-Memoire vom 2. März als äußerstes Angebot der Westmächte verstanden werden müsste. Die Note selbst sei das Ergebnis eines schwierigen Kompromisses: So hätten die Franzosen »den Ländern gerne größere Kompetenzen übertragen, die Engländer geringere, die Amerikaner vielleicht 75 % dessen, was die Franzosen haben wollten und so hat man sich schließlich auf 55–60 % der französischen Vorschläge geeinigt«.[217]

Mit Bekanntgabe der Zehn-Punkte-Forderung war das Ziel für weitere Beratungen im Parlamentarischen Rat ungewiss geworden. Der Fortgang der Arbeiten geriet zusehends zum Stillstand (»in a tailspin«).[218] Konrad Adenauer notierte hierzu in seinen *Erinnerungen*: »Sie [die Militärgouverneure, d. Verf.] regten in konkreter Weise eine Neufassung an.«[219] Es sei, schrieb Thomas Dehler damals, weder ersichtlich, »aus welchen Grundeinstellungen die Weisungen der Alli-

216 Die Dekane der westdeutschen juristischen Fakultäten warnten am 14.4.1949 in einer Resolution vor der Umsetzung des alliierten Memorandums. Ihrer Ansicht nach gebe dies »Anlass zu der Befürchtung, dass dadurch die Rechtseinheit auf dem Gebiet der Justizgesetzgebung aufgehoben werde. Ohne diese Rechtseinheit lässt sich aber die deutsche Wirtschaft nicht wiederherstellen« (zit. n. Sörgel, a.a.O., S. 310 ff.).

217 Siehe Akten der Vorgeschichte der Bundesrepublik Deutschland. Hg. v. Bundesarchiv u. Institut f. Zeitgeschichte. Bd. 5. Bearb. v. Hans-Dieter Kreikamp. München/Wien 1981, S. 269.

218 Record of Teletype Conference between Washington and Berlin, in: FRUS 1949, III, S. 112.

219 Vgl. Adenauer, Erinnerungen, a.a.O., S. 164.

ierten kommen«, noch sei zu erkennen, ob diese »von den Außenministern, von den Gouverneuren [oder] von irgendeinem Referenten« ausgingen. Und weiter:

> »Es ist schwer für uns Abgeordnete, mit diesem Partner zu diskutieren. Wir sind an keine Weisungen gebunden, wir können uns auch nicht an Weisungen der Militärgouverneure binden lassen … Würden wir anders handeln, so wären wir verächtlich. Wir würden aber auch ein Werk schaffen, das den Todeskeim in sich trüge; eine Verfassung, die in Unfreiheit entsteht, könnte niemals zur Freiheit führen […].«[220]

Reaktion des Parlamentarischen Rates

Auf das zweite Memorandum der Alliierten reagierte man im Parlamentarischen Rat überraschenderweise eher zurückhaltend. Zwar wurde der sogenannte Fünfer-Ausschuss, das interfraktionelle Gremium zur Klärung strittiger Fragen, personell zum Siebener-Ausschuss erweitert.[221] Eine offizielle Stellungnahme des Rates zu dem Memorandum erfolgte aber nicht. Der Grund für diese an sich doch recht erstaunliche Zurückhaltung lag darin, dass man sich – so Carlo Schmid – unter den Deutschen weitgehend einig darüber war, »dass das Genehmigungsrecht der Besatzungsmächte gegenüber dem Grundgesetz nur im Wege eines Ja oder Nein zu seinem gesamten Inhalt ausgeübt werden kann. Das schließt natürlich nicht aus, dass beide Teile in einen Gedankenaustausch eintreten, um festzustellen, ob gewisse Bestimmungen des Grundgesetzes von den Besatzungsmächten für unvereinbar mit ihrer Interpretation der Londoner Empfehlungen angesehen werden.«[222] Um im Ergebnis überhaupt etwas erreichen zu können, wollte man nochmals die jeweiligen Verhandlungsspielräume ausloten.

---

220 Thomas Dehler: »Die Lage in Bonn« (2.4.1949), in: Hertfelder/Heß (Hg.), a.a.O., S. 161.

221 Vgl. hierzu PR, Bd. 8, S. XLI.

222 Carlo Schmid: »Besatzungsmächte und Grundgesetz« (3.3.1949), zit. n. PR, Bd. 8, S. XLV.

Am 17. März 1949 übermittelte der Siebener-Ausschuss den Alliierten eine Liste von Änderungsvorschlägen.[223] In den hauptsächlich strittigen Komplexen Finanzverfassung und allgemeine Gesetzgebungskompetenz hatte man neue sprachliche Formulierungen gewählt.[224] Statt von Vorranggesetzgebung des Bundes sprach man von »konkurrierender« Gesetzgebung. Daneben wurde eine Effektivitätsregelung eingeführt, nach der dem Bund das Recht zur Gesetzgebung lediglich dann zustehe, »wenn die Wahrung der Rechtseinheit oder der Wirtschaftseinheit die Regelung durch ein Bundesgesetz erfordert«.[225]

In der Sache wies der vermeintliche Kompromissvorschlag indes so gut wie keine wesentlichen Änderungen auf. Die vorgenommenen Korrekturen waren eher marginal, was dazu führte, dass der neue Vorschlag am 25. März von den alliierten Verbindungsoffizieren inoffiziell zurückgewiesen wurde.[226] Die Militärgouverneure beharrten weiterhin darauf, dass der Entwurf des Grundgesetzes zugunsten der Finanzhoheit und weitgehender Gesetzgebungskompetenzen der Länder strukturell geändert werden müsse. Die vom Siebener-Ausschuss erarbeitete Stellungnahme, die zum einen den Wünschen der Alliierten Rechnung tragen sollte, zum anderen jedoch die Interessen des Parlamentarischen Rates wahrte, war somit nicht mehr zu halten.

Für Verärgerung sorgte auf deutscher Seite auch die Art und Weise, in der der französische Verbindungsoffizier Sauvagnargues die Ablehnung am 25. März mitgeteilt hatte.[227] So hatte dieser nach

223 Änderungsvorschläge des Siebener-Ausschusses vom 17.3.1949, in: PR, Bd. 7, S. 457.

224 So Grabbe, »Die deutsch-alliierte Kontroverse«, a.a.O., S. 398.

225 Änderungsvorschläge des Siebener-Ausschusses, a.a.O.

226 Vgl. Besprechung einer Delegation des Parlament. Rates mit alliierten Vertretern in Bonn am 25.3.1949, in: PR, Bd. 8, S. 211 ff. Offiziell gaben die Militärgouverneure keine Stellungnahme ab, weil die deutschen Gegenvorschläge nicht formell eingereicht, sondern lediglich informell an die alliierten Verbindungsoffiziere übermittelt worden waren. Diese indirekte Verfahrensweise stellte sicher, dass man hinter den Kulissen weiterhin nach einem Kompromiss suchen konnte. Vgl. Grabbe, »Die deutsch-alliierte Kontroverse«, a.a.O., S. 398.

227 Vgl. Besprechung einer Delegation des Parlament. Rates mit alliierten Vertretern in Bonn am 25.3.1949, in: PR, Bd. 8, S. 211 ff.

Bekanntgabe seiner Mitteilungen die Sitzung kurzerhand ohne weitere Aussprache beendet:

> »Von den Verbindungsstäben wurde [...] in französischer Sprache [...] eine Erklärung verlesen. Es heißt, dass die Abänderungsvorschläge vom 18. den in dem Memorandum vom 2. März 1949 dargelegten Grundsätzen nicht entsprechen. Es wurde nicht mitgeteilt, um welche Punkte es sich handelt. Die Militärgouverneure haben offiziell von den Vorschlägen keine Kenntnis genommen. Sie werden sich zu dem Grundgesetz erst äußern, wenn dieses als Ganzes vorliegt. Der (Siebener-)Ausschuss war erschüttert. Der französische Sprecher hat sich auf keine Diskussion eingelassen. [...] Die Ausschussmitglieder haben später zusammengesessen und beschlossen, nicht mehr zusammenzutreten. [...] Die Schwierigkeit ist die, wie weit der Kompromiss SPD/CDU aufrechterhalten werden kann oder Änderung möglich ist.«[228]

Die Arbeit des Parlamentarischen Rates, die sich zu diesem Zeitpunkt ja immerhin schon in der Schlussberatung des Grundgesetzentwurfes befand, geriet in eine schwere Krise. Carlo Schmid schrieb an den damaligen SPD-Vorsitzenden Kurt Schumacher:

> »Ich habe in den letzten Tagen einzeln mit den Liasonleuten verhandelt, ohne dass dadurch die Sache viel vom Fleck gekommen wäre. Wir werden jetzt die Sache im Siebener-Ausschuss formulieren und den Hauptausschuss und das Plenum das Grundgesetz fertig machen lassen. Mögen dann die Generäle beschließen, ob es ihnen passt oder nicht. Für letzteren Fall scheint an die Eventualität gedacht zu sein. (ich habe die Information sowohl von General König [sic] als auch von den Amerikanern): es soll eine Verfassunggebende Versammlung einberufen werden, die aus direkten Wahlen hervorgehen soll. [...] Diese Versammlung

228 So in einem von dem Ministerialbeamten Egon Rakette gezeichneten Bericht über eine Mitteilung von Werz vom 26.3.1949 an das BdMinPräs in Wiesbaden, zit. n. PR, Bd. 8, S. XLVIII.

> soll dann das Grundgesetz beschließen. Offenbar rechnet man damit, dass sie eine CDU-Mehrheit aufweisen wird, wodurch man die alliierten Interessen genügend gewahrt sieht. Es scheint sich um einen ernsthaften Plan zu handeln, jedoch scheint noch nichts beschlossen zu sein.«[229]

Die Stimmung unter den Deutschen sank auf den Nullpunkt.[230] Einige Ratsmitglieder begannen bereits, über einen Rücktritt nachzudenken, andere über Möglichkeiten zur formalen Beendigung der Arbeit des Rates. Letztlich ging es dabei auch um die Frage der möglichen Verantwortung für ein denkbar gewordenes Scheitern der Beratungen, die sich quasi auf der Zielgeraden befanden.

---

229 Hierzu auch das Schreiben Carlo Schmids an Erich Ollenhauer vom 17.3.1949, zit. n. PR, Bd. 8, S. XLV, Fn. 293.

230 Vgl. PR, Bd. 8, S. XLV.

V VERFASSUNG UNTER VORBEHALTEN

Wie kritisch die Situation Ende März/Anfang April 1949 war, lässt sich etwa daran absehen, dass Vertreter des Parlamentarischen Rates mit einigen Ministerpräsidenten der CDU und SPD für den Fall eines für möglich gehaltenen Scheiterns über Alternativen zu sprechen begannen. Falls der Parlamentarische Rat zu scheitern drohe, kam man überein, sollten »im letzten Augenblick« die Ministerpräsidenten angerufen werden, »um noch einmal zu versuchen, eine deutsche Lösung zu finden«.[231] Zeitgleich war im *Spiegel* zu lesen, dass die Sozialdemokraten die »verstümmelte Bonner Siebenmonatsgeburt«[232] bereits begraben hätten.

Maßgeblichen Anteil daran, dass die festgefahrenen Gespräche zwischen den Alliierten und Deutschen wieder in Gang kamen, hatte der in Verfassungsfragen eher wenig dogmatisch denkende Adenauer. Seine eigene Motivation begründete er relativ pragmatisch:

> »Ich war für eine Einigung mit den Besatzungsmächten. Nach meiner Meinung sollte man die Frage nicht so stellen: Ist das Grundgesetz, wenn es in der Form verabschiedet wird, wie die Militärgouverneure wünschen, ein ideales Gesetz? Nach meiner Meinung musste man die Vorteile für Deutschland miteinander vergleichen, die ein Grundgesetz, auch wenn es Mängel aufwiese, gegenüber dem Zustand brächte, der einträte, wenn das Grundgesetz nicht zustande käme.«[233]

---

231 Vgl. Rudolf Morsey: »Die letzte Krise im Parlamentarischen Rat und ihre Bewältigung (März/April 1949)«, in: Staat, Kirche, Wissenschaft in einer pluralistischen Gesellschaft. Festschrift zum 65. Geburtstag von Paul Mikat. Berlin 1989, 397 f.

232 *Der Spiegel*, Nr. 16/1949, S. 3.

233 Adenauer, Erinnerungen, a.a.O., S. 164 f. An andere Stelle kleidete Adenauer denselben Gedanken in die Metapher, dass man das Grundgesetz nicht mit den »Zehn Geboten« vergleichen solle (S. 172).

Der konkrete Hauptstreitpunkt zwischen Deutschen und Alliierten sei letztlich nur von untergeordneter Bedeutung: »Bundesfinanzverwaltung oder Länderfinanzverwaltung. Das ist die Frage. Mir ist es, ich will nicht sagen schnuppe, aber im Großen und Ganzen egal.«[234] Eine Position, die nach anfänglichem Zögern auch von Carlo Schmid geteilt wurde. Denn, so Schmid damals, dass »schlechteste Grundgesetz« sei besser »als gar keins«.[235]

1. BERATUNGSKRISE AUF DER ZIELGERADEN

Anfang April 1949 war die Schlussberatung des Grundgesetzentwurfes ausgesetzt worden, womit ein Scheitern der Beratungen wieder wahrscheinlicher als deren erfolgreicher Abschluss wurde. Die überwiegende Mehrzahl der Mitglieder der SPD-Fraktion hatte sich dahingehend festgelegt, den neuerlichen Vorgaben der Alliierten nicht weiter Folge zu leisten. Carlo Schmid begründete dies mit pragmatischen, aber auch mit Gründen der Selbstachtung:

> »Schon aus Gründen der Selbstachtung, aber auch, weil die Sozialdemokraten nur für ein Regierungssystem die Verantwortung übernehmen könnten, dass es möglich mache, das Notwendige auch zu schaffen, müssten wir zu dem von den Militärgouverneuren vorgelegten Modell nein sagen. Wir konnten mit keiner Verfassung einverstanden sein, die es den Ländern erlauben würde, über den Bundesrat und die Finanzverfassung von der Bundesregierung und dem Bundestag für notwendig gehaltene Maßnahmen zu torpedieren.«[236]

Die Formulierungsvorschläge, stellte der Vorsitzende der SPD, Kurt Schumacher, am 2. April im *Neuen Vorwärts* fest, ließen »an dem alliierten Willen zweifeln, ein lebens- und funktionsfähiges Staatswesen

---

234 So Konrad Adenauer vor dem Zonenausschuss der CDU am 25.2.1949, zit. n. Grabbe, »Die deutsch-alliierte Kontroverse«, a.a.O., S. 401; ders., Unionsparteien, a.a.O., S. 170.

235 Zit. n. P. Weber, a.a.O., S. 375.

236 Vgl. Schmid, Erinnerungen, a.a.O., S. 393.

entstehen zu lassen«[237]. Entweder würde das Grundgesetz in der bisher erarbeiteten Fassung in Kraft treten oder es sei besser, es am Widerspruch der Alliierten scheitern zu lassen. Auch meinte Schumacher, »die SPD werde sich nicht als Werkzeug ausländischer und partikularistischer Interessen missbrauchen lassen [...]«[238]. Um ihrer Haltung Nachdruck zu verleihen, legte die SPD Anfang April 1949 einen auf 124 Artikel verkürzten Grundgesetzentwurf (»Organisationsstatut«) vor, der einen deutlich kürzeren Grundrechtsteil enthielt.[239]

In der CDU/CSU-Fraktion tendierten die Meinungen eher dazu, nochmals das Gespräch mit den Alliierten zu suchen. Den von der SPD eingeschlagenen Konfrontationskurs wollte man nicht mittragen. Am 12. April fasste die Fraktion daher den Beschluss, über einen »derartigen Entwurf« nicht zu verhandeln. Man sei »nicht gewillt, die in acht Monaten geleistete Arbeit nochmals von vorne zu beginnen«.[240] Um die Verfassungsberatungen in Gang zu halten, propagierte die Fraktion einen bereits am 30. März vorgelegten eigenen Kompromissvorschlag.[241] Wegen der Vorteile, die ein Grundgesetz als gemeinsames Handlungsinstrument der westdeutschen Parteien gegen die sowjetische Besatzungszone (= SBZ) und die immer noch völlig unbeschränkt agierenden Militärgouverneure verhieß,[242] hatte sich in den Unionsparteien die Überzeugung durchgesetzt, dass eine Verständigung mit den Alliierten unvermeidlich sei, nahezu um jeden Preis.

237 Zit. n. Arno Schulz/Walter G. Oschilewski (Hg.): Turmwächter der Demokratie. Ein Lebensbild von Kurt Schumacher. Bd. 1. Berlin 1954, S. 204.

238 Vgl. Backer, General Clay, a.a.O., S. 316.

239 Vereinfachter Entwurf der SPD zum Grundgesetz, in: PR, Bd. 7, S. 462 ff.; siehe hierzu Morsey, »Die letzte Krise im Parlamentarischen Rat«, a.a.O., S. 393 ff.

240 Vgl. Die CDU/CSU im Parlamentarischen Rat. Sitzungsprotokolle der Unionsfraktion. Bearb. v. Rainer Salzmann. Stuttgart 1981, S. 481.

241 Vgl. Grabbe, »Die deutsch-alliierte Kontroverse«, a.a.O., S. 400.

242 Vgl. hierzu das ungezeichnete Aktenstück »Folgen des Scheiterns der Verfassung infolge der Haltung der Deutschen gegenüber den Wünschen der Alliierten«, abgedruckt in: PR, Bd. 8, S. XLVI, Fn. 295. In diesem Aktenstück sind insgesamt 14 Punkte aufgelistet, die für oder gegen die Verabschiedung eines mit weiteren Auflagen versehenen Grundgesetzes sprachen.

Erstes Schreiben der Außenminister

Auf dem Höhepunkt der Grundgesetzkrise und ohne dass es in Bonn bekannt wurde, kam es zu einer Verlagerung der Entscheidungsebene nach Washington.[243] Die Angelegenheit war quasi zur Chefsache geworden, weshalb für das weitere Verfahren nicht mehr die Militärgouverneure letztzuständig waren. Die Außenminister der drei Westmächte hatten die Angelegenheit an sich gezogen und schalteten sich unmittelbar in den Entscheidungsprozess ein.

Aus Washington ließen sie dem Parlamentarischen Rat am 5. April ein Aide-Memoire zukommen. In diesem teilten sie den Deutschen erstmalig mit, dass die in dem bereits bekannten Aide-Memoire vom 2. März enthaltenen Formulierungen den Vorgaben des Londoner Abkommens entsprächen:

> »Die [Außenminister] haben das Vertrauen, dass der Parlamentarische Rat und die verantwortlichen deutschen Parteiführer den Empfehlungen der Militärgouverneure die nötige Beachtung schenken werden, die im Einklang stehen mit den Bestimmungen des Londoner Abkommens.«[244]

Eingekleidet in diplomatische Höflichkeitsfloskeln, in der Sache jedoch hart, machten die Außenminister deutlich, dass es bei dem mit dem Aide-Memoire vom 2. März durch die Militärgouverneure vorgegebenen »Alles oder Nichts« (Carlo Schmid)[245] bleiben sollte. Diese Haltung bestimmte dann auch noch ein weiteres Treffen, das es am 14. April 1949 zwischen den Militärgouverneuren und den Mitgliedern des Parlamentarischen Rates gab.[246] Obwohl damit ein Scheitern und die Auflösung des Rates im Raum standen, fand diese Besprechung überraschenderweise in einer scheinbar gelösten Atmosphäre statt. Ausführlich sprach man etwa über das am 10. April bekannt gegebene

243 Vgl. Grabbe, »Die deutsch-alliierte Kontroverse«, a.a.O., S. 406 f.

244 Mitteilungen der Außenminister vom 5.4.1949, in: PR, Bd. 8, S. 218 ff.

245 Schmid, Erinnerungen, a.a.O., S. 392; Adenauer, Erinnerungen, a.a.O., S. 168.

246 Vgl. hierzu die Aufzeichnung Anton Pfeiffers vom 18.4.1949, in: PR, Bd. 8, S. 232 ff.

Besatzungsstatut. Ebenfalls wurde der Rat ermächtigt, ein Wahlgesetz für die ersten Wahlen zum Bundestag zu verfassen. Eine Erklärung für diese Freundlichkeit erhielten die Deutschen zu diesem Zeitpunkt (noch) nicht.

Zweites Schreiben der Außenminister

In einem zweiten Aide-Memoire vom 7. April, das den Deutschen von den Militärgouverneuren allerdings erst am 22. April bekannt gegeben wurde, teilten die Außenminister dem Parlamentarischen Rat eine völlig andere Bewertung mit. Sie rückten nach außen hin von ihrer rigiden Haltung ab, was von den Betroffenen damals als »große Überraschung« empfunden wurde.[247] Aufgrund des sich verschärfenden Ost-West-Gegensatzes fürchtete man auf alliierter Seite in der Tat, dass der Plan zur Gründung eines Weststaates andernfalls scheitern würde: »These developments threaten to wreck all our plans for the establishment of a Western German Government.«[248]

Eine solche Entwicklung lag zwischenzeitlich außerhalb der langfristigen Deutschland-Pläne der USA. Diese forcierten einen deutschen Weststaat als *fait accompli*, in der Erwartung, damit die Sowjets zu einer Beendigung der Berlin-Blockade bewegen zu können.[249] Nunmehr stellten die Außenminister eine in sämtlichen der bisher strittigen Punkten »wohlwollende Prüfung« des Grundgesetzentwurfes in Aussicht.[250] In der Sache signalisierten sie sogar ausdrücklich, »auf die strikte Durchsetzung der im Memorandum vom 2. März genannten Forderungen zu verzichten«.[251]

---

247 So Adenauer, Erinnerungen, a.a.O., S. 170.

248 Vgl. The British Embassy to the Department of State, 20.4.1949, in: FRUS 1949, IIII, S. 244.

249 Schockenhoff, a.a.O., S. 236 ff.; Grabbe, Unionsparteien, a.a.O., S. 173.

250 Mitteilung der Außenminister von Frankreich, Großbritannien und den Vereinigten Staaten, in: PR, Bd. 8, S. 244 f.

251 Volker Otto: Das Staatsverständnis des Parlamentarischen Rates. Ein Beitrag zur Entstehungsgeschichte des Grundgesetzes für die Bundesrepublik Deutschland. München 1971, S. 118; ebenso Schockenhoff, a.a.O., S. 242.

Nach Übergabe der zweiten Note der Außenminister kam Bewegung in die festgefahrenen Verhandlungen. So wurden zwischen dem 22. und 24. April zunächst die interfraktionellen Besprechungen zwischen den im Parlamentarischen Rat vertretenen Fraktionen wieder aufgenommen. Ein erstes greifbares Ergebnis bestand darin, dass die SPD von ihrem verkürzten Grundgesetzentwurf abrückte. Im weiteren Verlauf der Verhandlungen fanden sich zu einigen besonders strittigen Punkten sogar wieder neue Formulierungen, auf deren Grundlage man am 25. April dann zum Kompromiss mit den Militärgouverneuren gelangte:[252]

> »Schließlich kam es dann im Wege von Verhandlungen um sechs verschiedene Ecken herum nicht nur zu Kompromissen zwischen Deutschen, sondern auch zu Kompromissen unter den Alliierten, dann zwischen einer Ecke der Alliierten mit einer Ecke der Deutschen, was sich wiederum umsetzte auf die andere Ecke der Deutschen.«[253]

Am vorliegenden Entwurf des Grundgesetzes wurden nochmals Änderungen vorgenommen, die zum Teil mit deutlichen inhaltlichen Modifikationen verbunden waren.[254] So wurden die für den Bundesrat vorgesehenen Kompetenzen erheblich reduziert. Auch die Finanzverfassung wurde dergestalt modifiziert, dass der überwiegende Teil der Steuern, ausgenommen die Umsatzsteuern, durch die Länder eingezogen werden sollten. In diesem gegenüber den Alliierten besonders strittigen Punkt der Verteilung der Steuern kam sogar eine besonders trickreiche Gestaltung der Deutschen zum Tragen. Sie hatten sich untereinander auf eine diesbezügliche Neuregelung der zwischen

---

252 Siehe Besprechung von Vertretern des Parlament. Rates mit den Militärgouverneuren in Frankfurt/Main am 25.4.1949, in: PR, Bd. 8, S. 248 ff.; ebenso Record of the meeting of the three military Governors with the Parliamentary Council Delegation, 27.4.1949, in: FRUS 1949, III, S. 252 ff.

253 So Carlo Schmid: »Betrachtungen zum Bonner Grundgesetz«, in: *Die Wandlung*, 4. Jg. 1949, H. 4, S. 667.

254 Vgl. Schockenhoff, a.a.O., S. 247 f., u. PR, Bd. 8, S. LVII; P. Weber, a.a.O., S. 389.

Bund und Ländern konkurrierenden Gesetzgebung bis spätestens 31. Dezember 1952 verständigt.[255] In der Sache bedeutete dies, dass man nach außen hin zwar den alliierten Vorstellungen folgte, intern allerdings bereits deren spätere Revision verabredet hatte.

Mit den Vorschlägen rückte die deutsche Seite nach außen hin zum Teil von den bisher eingenommenen Positionen ab. Im Gegenzug signalisierten die Alliierten, dass der Grundgesetzentwurf nunmehr ihre Genehmigung finden würde. Im Ergebnis erschien die am 22. April bekannt gegebene zweite Note der Außenminister dann allen Beteiligten als Grundlage für einen »erträglichen Kompromiss«.[256]

2. WIEDERAUFNAHME DER BERATUNGEN

Die abschließende Beratung des Grundgesetzentwurfes erfolgte mit der vierten Lesung des Hauptausschusses am 5. und 6. Mai 1949. Carlo Schmid eröffnete diese in Form eines staatsrechtlichen Kollegs über die geleistete Arbeit. Er qualifizierte das Grundgesetz als »Bauriss für einen Notbau«. Die eigentliche Verfassung bestehe »vorderhand in nichts anderem als in dem unerschütterlichen Willen aller Deutschen, trotz aller Schranken, die man zwischen ihnen aufgerichtet hat, sich als ein einziges Volk, als ein Staatsvolk zu fühlen.« Dementsprechend folgerte Schmid weiter:

> »Jeder Teil Deutschlands kann dem Grundgesetz beitreten. Aber auch der Beitritt aller deutschen Gebiete wird dieses Grundgesetz nicht zu einer gesamtdeutschen Verfassung machen können. Die wird es erst dann geben, wenn das deutsche Volk die Inhalte und Formen seines politischen Lebens in freier Entschließung bestimmt haben wird.«[257]

Am 8. Mai fand die zweite und dritte Lesung des Grundgesetzentwurfes im Plenum statt. Große Begeisterung scheint nicht bestanden zu haben.

---

255 Vgl. PR, Bd. 2, S. 169.

256 Schmid, Erinnerungen, a.a.O., S. 394.

257 9. Sitzung am 6.5.1949, PR, Stenograph. Bericht, S. 170 ff.

So erklärte Schmid vor dem Plenum unwidersprochen, dass er dem Grundgesetz »nur schweren Herzens« zustimme.[258] Trotzdem wurde der Entwurf an dem symbolischen Tag, also genau vier Jahre nach der militärischen Kapitulation Deutschlands, mit der großen Mehrheit von 53 Ja- und 12 Nein-Stimmen (sechs der CSU und jeweils zwei der DP, KPD und Zentrumspartei) vom Parlamentarischen Rat angenommen. In seinem Schlusswort fasste Adenauer die Motivlage der Beteiligten nochmals zusammen: »Wir sind der festen Überzeugung, dass wir durch unsere Arbeit einen wesentlichen Beitrag zur Wiedervereinigung des ganzen deutschen Volkes und auch zur Rückkehr unserer Kriegsgefangenen und Verschleppten leisten.«[259]

(Nicht-)Inkrafttreten des Grundgesetzes

In einer am 12. Mai eigens einberufenen Sitzung teilten die Militärgouverneure einer deutschen Delegation ihre eingeschränkte Zustimmung zum Grundgesetz mit.[260] Noch am gleichen Tag bevollmächtigten sie auch die Ministerpräsidenten, das Grundgesetz in Übereinstimmung mit Art. 144 Abs. 1 GG den westdeutschen Landtagen zur Ratifizierung vorzulegen.[261] In diesem Punkt setzte sich die deutsche Seite am Ende also durch: Das mit den »Frankfurter Dokumenten« ursprünglich vorgesehene Verfassungsplebiszit über das Grundgesetz wurde abgewendet.[262]

258 Ebenda, S. 235.

259 Adenauer, Erinnerungen, a.a.O., S. 176.

260 Schreiben der Militärgouverneure an Adenauer am 12.5.1949, in: PR, Bd. 8, S. 273 f.

261 Das von Robertson, Clay und Koenig gezeichnete Schreiben an die Ministerpräsidenten, datiert vom 12.5.1949, abgedruckt in: PR, Bd. 8, S. 286, Fn. 6.

262 Die Verfassung des Landes Württemberg-Hohenzollern sah vor, dass die Annahme des Grundgesetzes durch den Landtag und Volksabstimmung zu erfolgen hatte. Dieser Punkt wurde auch am 12.5.1945 zwischen den Militärgouverneuren und dem Staatspräsidenten Müller erörtert. Clay schlug vor, »eine solche Verfassungsbestimmung außer Kraft zu setzen«, in: PR, Bd. 8, S. 270, Dok. 78, Fn. 13. Im Ratifikationsverfahren wurde die Regelung dann schlichtweg ignoriert.

Dass das Grundgesetz in zehn von elf Landtagen (Bayern verweigerte seine Zustimmung) formell angenommen wurde, hatte nur noch eine deklaratorische Bedeutung.[263] Konstitutiv und damit rechtsverbindlich für das Zustandekommen des Grundgesetzes, das am 23. Mai 1949 vom Parlamentarischen Rat verkündet und gemäß Art. 145 Abs. 1 GG um 24 Uhr desselben Tages in Kraft trat,[264] war der Genehmigungsakt der Alliierten.[265] Damit handelt es sich beim Grundgesetz im Rechtssinne nicht um eine einseitig oktroyierte Verfassung, was die deutschen Abgeordneten von Beginn an zu verhindern gesucht hatten. Vielmehr kann man hier vom typischen Fall einer zwischen mehreren – der alliierten und der deutschen – Seiten vereinbarten Verfassung sprechen. Zwar wurde diese formell durch den Parlamentarischen Rat ausgearbeitet und beschlossen. Für deren Zustandekommen wurde dem Rat allerdings von Beginn an lediglich derjenige Spielraum eingeräumt, der zum förmlichen Abschluss des Ratifikationsverfahrens erforderlich war.[266]

Wesentliche Teile des Grundgesetzes traten damals nicht in Kraft, weil die Militärgouverneure ihr Veto einlegten. So übermittelten diese zwar am 12. Mai 1949 ihre Genehmigung des Grundgesetzes mit dem sogenannten »letter of approval«[267]. Mit diesem stimmten sie dessen

263 Zweifel an der Geltung des Grundgesetzes für Bayern, wie Kalkbrenner sie äußerte (*BayVBl*, 1973, S. 294), sind ohne wirkliche Fundierung.

264 Der genaue Zeitpunkt des Inkrafttretens des Grundgesetzes ist umstritten. Wahlweise wird vertreten, dass dieses am 23. oder am 24.5.1949 in Kraft trat und zwar entweder am 23. um 24 Uhr oder am 24. um 0 Uhr. Otmar Jauernig hat in seinem Aufsatz »Wann ist das Grundgesetz in Kraft getreten?« (*JZ*, 1989, 615 ff.) allerdings mit überzeugenden Argumenten aus der Entstehungsgeschichte (S. 617) und einer einleuchtenden Parallele zu Grundsätzen für die Fristberechnung (§§ 187, 188 BGB) belegt, dass das Grundgesetz gemäß Art. 145 Abs. 2 GG mit Ablauf des Tages der Verkündung, also am 23.5.1949 um 24 Uhr in Kraft getreten ist.

265 Vgl. hierzu PR, Bd. 8, Dok. 78 u. 80.

266 So auch Dietrich Murswiek: Die verfassunggebende Gewalt nach dem Grundgesetz für die Bundesrepublik Deutschland. Berlin 1978, S. 82.

267 Schreiben der Militärgouverneure an Adenauer am 12.5.1949, in: PR, Bd. 8, S. 273 f. und LIX f.

Inkrafttreten zu, dispensierten aber sogleich auch wesentliche Teile davon und benannten zehn Punkte, gegen die sie ausdrückliche Vorbehalte anmeldeten. Die wichtigsten Vorbehalte betrafen zweifelsohne die Rechtsstellung Berlins, das entgegen dem Wortlaut des Grundgesetzes weiterhin nicht durch den Bund regiert werden sollte. Die Verantwortung für »Deutschland als Ganzes« sowie die Kompetenzen, die sich die Alliierten im Übrigen vorbehielten, wurden mit dem gleichzeitig verkündeten Besatzungsstatut bekannt gegeben. Letzteres blieb formal im Rahmen dessen, was die Militärgouverneure mit dem »Frankfurter Dokument« Nr. 3 angekündigt hatten. Demgemäß enthielt das Besatzungsstatut keine zeitliche Beschränkung, keine Angaben über die Besatzungskosten und insbesondere kein Schiedsgericht, das im Fall von Streitigkeiten hätte angerufen werden können. Vor allem letzteres rief auf deutscher Seite Kritik hervor,[268] da man sich für eine solche Schlichtungsmöglichkeit zuvor immer wieder nachdrücklich eingesetzt hatte. Die wichtigste Regelung des Statuts findet sich unter Ziffer 2:

> »Die Besatzungsbehörden behalten sich jedoch das Recht vor, entsprechend den Weisungen ihrer Regierungen die Ausübung der vollen Gewalt ganz oder teilweise wieder zu übernehmen, wenn sie dies für unerlässlich erachten für die Sicherheit oder zur Aufrechterhaltung der demokratischen Ordnung in Deutschland oder um den internationalen Verpflichtungen ihrer Regierung nachzukommen.«[269]

---

268 Die Mitglieder des Ausschusses des Parlament. Rates für das Besatzungsstatut und des Besatzungsstatuts-Ausschusses der Ministerpräsidenten bemängelten in einer Besprechung am 11.4.1949 insbesondere, dass im Besatzungsstatut ein Schiedsgericht nicht enthalten und die Souveränitätsrechte der zukünftigen Bundesrepublik nicht ausgedehnt seien; vgl. PR, Bd. 4, S. XXX u. 62 f.

269 Text des Besatzungsstatuts in: Ingo von Münch (Hg.): Dokumente des geteilten Deutschlands. Bd. 1. 2. Aufl. Stuttgart 1976, S. 71 ff.

3. DIE VORBEHALTE DER ALLIIERTEN

Die Gründung der Bundesrepublik bedeutete keineswegs das »Ende der Besatzung«, wie viele Autoren in ihren Darstellungen der »Geschichte der Bundesrepublik« glauben machen wollen.[270] Obwohl das Grundgesetz von Beginn an ausdrücklich und in realer Gegenständlichkeit die große »Fiktion der Besatzungsfreiheit« (Hans-Peter Ipsen) für sich in Anspruch nahm, ist es in seiner Urfassung gerade nicht »besatzungsfest« gewesen.[271] Der auf Weisung der Alliierten gegründete Weststaat war alles andere als ein freies Land. Er war ein Land, das sich zwar nach innen in größtmöglichem Maße selbst regieren durfte. Die oberste Regierungsgewalt in Form der »supreme allied authority« lag jedoch weiterhin bei den drei Westalliierten, die sie durch eine eigens hierfür am 20. Juni 1949 gegründete Behörde, nämlich die Alliierte Hohe Kommission, ausübte. Deren Aufgabe bestand nach Art. 2 Abs. 1 ihrer Charta vor allem in der »Kontrolle über die Bundesregierung und die Regierungen der zum Bund gehörenden Länder gemäß den Bestimmungen des Besatzungsstatuts«.[272]

Die unbestimmte Fassung dieses Vorbehaltes und weitere Generalklauseln verdeutlichen, dass die drei Westalliierten damals nicht bereit waren, sich gegenüber der deutschen Seite irgendwelchen Selbstbeschränkungen in Form verbindlicher Verpflichtungen aufzuerlegen. In den zeitgenössischen Quellen wird dies auch offen zugestanden. So bezeichnete Litchfield etwa das Bonner Regierungssystem in seiner Anfangsphase als »German government of limited sovereignty«[273].

---

270 Vgl. Wolfgang Benz: »Das Ende der Besatzung«, in: Eschenburg, a.a.O., S. 515 ff.; ders.: Von der Besatzungsherrschaft zur Bundesrepublik. Stationen einer Staatsgründung 1946–1949. Frankfurt/Main 1984.

271 Hans-Peter Ipsen: Über das Grundgesetz. Gesammelte Beiträge seit 1949. Tübingen 1988 [Beitrag 1949], S. 24: »So handelt und spricht das Grundgesetz, als ob die Bundesrepublik besatzungsfrei wäre. Es schweigt zur Okkupation – zu seiner Effektivität ebenso wie zu ihren inter-venierenden Auswirkungen.«

272 Charta in: Münch (Hg.), a.a.O., S. 76 ff.

273 E. H. Litchfield: »Political Objectives and Legal Bases of Occupation Government«, in: ders. u. a: Governing Postwar Germany. Ithaca 1953, S. 15 f. u. 34 ff.

Das am 10. April 1949 bekannt gegebene Besatzungsstatut war nicht verhandelbar, bedurfte daher auch keiner Zustimmung durch die Deutschen. Auch enthielt es kein Schiedsgericht, das im Fall von Streitigkeiten hätte angerufen werden können. Die inhaltlichen Vorbehalte des Statuts wurden damit begründet, dass weiterhin die »Ziele der Besatzung« erreicht werden müssten. Als solche wurden folgende Punkte benannt:

»A) Die Abrüstung und Entmilitarisierung, einschließlich der damit zusammenhängenden Gebiete der wissenschaftlichen Forschung, die Verbote und Beschränkungen der Industrie und die zivile Luftfahrt;
B) die Kontrollen hinsichtlich der Ruhr, die Restitutionen, die Reparationen, die Dekartellisierung, die Entflechtung, die Handelsdiskriminierungen, die ausländischen Interessen in Deutschland und die Ansprüche gegen Deutschland;
C) auswärtige Angelegenheiten, einschließlich internationaler Abkommen, die von Deutschland oder für Deutschland abgeschlossen werden;
D) kriegsversprengte Personen (*displaced persons*) und Zuweisung von Flüchtlingen;
E) Schutz, Ansehen und Sicherheit der alliierten Streitkräfte, Angehörigen, Angestellten und Vertreter, deren Vorrechte sowie die Deckung der Kosten der Besatzung und ihrer anderen Anforderungen;
F) die Beachtung des Grundgesetzes und der Länderverfassungen;
G) die Kontrolle über den Außenhandel und Devisenverkehr;
H) die Kontrolle über innere Maßnahmen, jedoch nur in dem Mindestumfang, der erforderlich ist, um die Verwendung von Geldmitteln, Lebensmitteln und anderen Lieferungen derart sicherzustellen, dass die Notwendigkeit auswärtiger Hilfe für Deutschland auf ein Mindestmaß herabgesetzt wird;
I) die Kontrolle der Versorgung und Behandlung von Personen in deutschen Gefängnissen, die vor den Gerichten oder Tribunalen der Besatzungsmächte oder Besatzungsbehörden angeklagt oder von diesen verurteilt worden sind, über die Vollstreckung von Urteilen,

> die über diese Personen verhängt wurden, und über andere sie betreffende Fragen der Amnestie, Begnadigung oder Freilassung.«[274]

Die alliierten Hohen Kommissare hatten ursprünglich vorgesehen, das Besatzungsstatut den Deutschen in einer feierlichen Zeremonie zu übergeben. Hierzu war Adenauer indes nicht bereit gewesen: »Für einen Besiegten bleibt ein Besatzungsstatut eine unangenehme Sache, seine Übergabe an den Vertreter eines besiegten Landes ist für dieses kein Grund zu einer Feierlichkeit.«[275] Für die Zukunft ging man auf deutscher Seite allerdings davon aus, »dass es bei einer verständnisvollen Handhabung zu einer allmählichen Entwicklung der deutschen Autonomie führen könnte«.[276]

Das Besatzungsstatut bildete bis zum 5. Mai 1955 die formale Rechtsgrundlage der Beziehungen zwischen den drei Westmächten und der Bundesrepublik. Das Besatzungsrecht stand in seiner Geltung über deutschem (Verfassungs-)Recht, womit die Bundesrepublik in ihrer Gründungsphase staatsrechtlich eher einem »Protektorat mit halbkolonialem Status« glich.[277] Von Carlo Schmid war diese absehbare Entwicklung bereits in der zweiten Sitzung des Parlamentarischen Rates kritisiert worden. Dort hatte er ausgeführt, dass »die eigentliche Verfassung« der Bundesrepublik »das geschriebene oder ungeschriebene Besatzungsstatut« sei. Eine Einschätzung, an der er auch in seinen *Erinnerungen* ausdrücklich festhielt.

> »Das dritte [Frankfurter, d. Verf.] Dokument umschrieb in wenig präziser Weise den Rahmen eines Besatzungsstatuts, das gleichzeitig mit der Verfassung in Kraft gesetzt werden sollte. […] Ähnliche Bestimmungen pflegten die Verträge zu enthalten,

---

274 Münch (Hg.), a.a.O., S. 71 ff.

275 Adenauer, Erinnerungen, a.a.O., S. 233.

276 Ebenda, S. 169.

277 So Eckart Conze: Die Suche nach Sicherheit. München 2009, S. 54; vgl. auch Hans-Peter Schwarz: Adenauer. Der Aufstieg 1876–1952. Stuttgart 1986, S. 671. Dies schlug sich auch im ersten Bundeshaushalt nieder: 36 % der Ausgaben entfielen auf die Besatzungskosten der Alliierten.

aufgrund deren die ›Mächte‹ einst in Afrika und Asien ›Protektorate‹ begründeten.«[278]

4. DAS »OFFENE« SELBSTBESTIMMUNGSRECHT DER DEUTSCHEN

Die Abgeordneten im Parlamentarischen Rat wollten nicht, dass Deutschland aufgrund der ihnen beauftragten Gründung der Bundesrepublik auf Dauer geteilt blieb. Sie hofften auf die Anziehungskraft (»Magnetwirkung«) eines Weststaates auf die Länder in der sowjetischen Besatzungszone. So eröffneten sie in Art. 23 auch die Möglichkeit eines nachträglichen Beitritts zum Grundgesetz. Dort hieß es 1949, dass das Grundgesetz in anderen Teilen Deutschlands nach deren Beitritt in Kraft zu setzen sei. Die Vorstellung einer gesamtdeutschen Lösung erschöpfte sich allerdings nicht in dieser Beitrittsvariante. Nach deren Vollzug sollte es vielmehr zur eigenständigen Schöpfung einer neuen, der eigentlichen Verfassung kommen. Carlo Schmid erklärte im Plenum des Parlamentarischen Rates am 6. Mai 1949 hierzu unwidersprochen:

> »Jeder Teil Deutschlands kann dem Grundgesetz beitreten. Aber auch der Beitritt aller deutschen Gebiete wird dieses Grundgesetz nicht zu einer gesamtdeutschen Verfassung machen können. Die wird es erst dann geben, wenn das deutsche Volk die Inhalte und Formen seines politischen Lebens in freier Entschließung bestimmt haben wird.«[279]

Dass diese Position quasi den Mehrheitswillen des Rates wiedergibt, verdeutlichen die in den Protokollen der Beratungen festgehaltenen Aussagen und letztlich auch das Grundgesetz selbst. Was die im

---

278 Schmid, Erinnerungen, a.a.O., S. 325. Ausweislich der den Deutschen mit dem Besatzungsstatut entzogenen Souveränitätsrechte schlussfolgerte damals Wilhelm Grewe, waren die Hohen Kommissare *de jure* »das wichtigste Teilstück« der »tatsächlichen Verfassung Westdeutschlands« (ders.: »Über Verfassungswesen in unserer Zeit«, in: *Merkur* 15 (1949), S. 433).

279 Schmid in der 9. Sitzung am 6.5.1949, PR, Stenograph. Bericht, S. 172.

Parlamentarischen Rat handelnden Deutschen in Bezug auf die Verwirklichung des Selbstbestimmungsrechts wirklich dachten, findet sich dort in der Urfassung der Präambel, dem Art. 23 sowie ganz am Ende des Grundgesetzes, nämlich in Art. 146, der bei Inkrafttreten wie folgt lautete: »Dieses Grundgesetz verliert seine Gültigkeit an dem Tage, an dem eine Verfassung in Kraft tritt, die von dem deutschen Volke in freier Entscheidung beschlossen worden ist.«

Der provisorische Charakter des Grundgesetzes als Übergangsverfassung sollte dergestalt hervorgehoben werden. Noch deutlicher wird das, wenn man diese Regelung in Verbindung mit dem Urtext der damaligen Präambel liest: »Es [das deutsche Volk, d. Verf.] hat auch für jene Deutschen gehandelt, denen mitzuwirken versagt war. Das gesamte deutsche Volk bleibt aufgefordert, in freier Selbstbestimmung die Einheit und Freiheit Deutschlands zu vollenden.«

In den Beratungen des Parlamentarischen Rates wurde dem Art. 146 die Funktion zuerkannt, klarzustellen, dass die endgültige deutsche Verfassung »originär« und nicht im Wege der Abänderung des Grundgesetzes entstehen sollte.[280] Für den Fall, dass durch eine zukünftige gesamtdeutsche Nationalversammlung die endgültige Verfassung beschlossen werde, hielt man im Allgemeinen Redaktionsausschuss fest, gestatte der Artikel eine Abweichung von den für Verfassungsänderungen geltenden Vorschriften.[281] Namentlich eine Bindung an die im Grundgesetz gemäß Art. 79 Abs. 3 GG vorgesehene Begrenzung einer späteren Verfassungsänderung im Sinne einer sogenannten Ewigkeitsgarantie[282] wurde im Parlamentarischen Rat nicht konstatiert.

Normativ war das Grundgesetz von Beginn an in gewisser Weise auch auf Dauer und Endgültigkeit ausgelegt (vgl. Art. 79 Abs. 3). Das heißt, die Möglichkeiten zur Änderung des Grundgesetzes sind durch

280 So Schmid ebendort, PR, Stenograph. Bericht, S. 147.

281 Nachweise hierzu in: *JöR*, 1 (1951), S. 925.

282 Die umgangssprachlich als Ewigkeitsklausel umschriebene Regelung des Art. 79 Abs. 3 GG wird offiziell regelmäßig mit den Erfahrungen des Hitler-Regimes begründet. Materiellrechtlich schützt die Klausel indes exakt den Kernbestand der den Deutschen mit den »Frankfurter Dokumenten« gemachten Vorgaben.

das Gesetz selbst beschränkt. Diese Schranke galt jedoch nur für den grundgesetzändernden Gesetzgeber und stand darüber hinaus unter dem Vorbehalt des Art. 146 GG, der mit dem Vollzug des Beitritts des Saarlandes (1957) und der neuen Bundesländer aus der DDR (1990) auch heute noch nicht obsolet geworden ist.[283] Der Art. 146 GG war zwar tatsächlich für den Fall der Wiedervereinigung konzipiert, die mit einer Verspätung von immerhin vierzig Jahren im Jahr 1990 in gewisser Weise verwirklicht wurde. Dies sollte jedoch nur auslösendes Moment für die dann nachzuholende Betätigung der verfassunggebenden Gewalt des ganzen deutschen Volkes sein.[284] Dass es hierzu damals nicht kam, hat für die weitere rechtliche Bedeutung der Norm keine Relevanz. Dementsprechend kann Art. 146 GG selbst jetzt noch eine Art oberster Verfassungsautorität zugewiesen werden: »Der auf diese Weise verrechtlichte pouvoir constituant ist systematisch gesehen oberster pouvoire constitue.«[285]

---

283 Die These vom »Obsoletwerden« des Art. 146 GG lässt sich nur dann halten, wenn sein Normgehalt ausschließlich darin bestanden hätte, neben Art. 23 GG einen alternativen Weg zur Wiedervereinigung zu eröffnen. Gerade dies ist im Hinblick auf die Entstehungsgeschichte des Grundgesetzes nicht haltbar.

284 Zur damaligen Diskussion Josef Isensee: Braucht Deutschland eine neue Verfassung? Überlegungen zur neuen Schlussbestimmung des Grundgesetzes, Art. 146. Köln 1992.

285 Vgl. Murswiek, a.a.O., S. 156. Der Art. 146 des Grundgesetzes stellt sich selbst in seiner jetzigen, relativierten Fassung als stärkste Souveränitätsreserve dar. So sah das BVerfG sich in seinem Urteil (= BVerfGE 123, S. 347 f. = NJW 2009, S. 2267, Rn. 228, 232.) zum Lissabon-Vertrag zu der Feststellung genötigt, dass »das Selbstbestimmungsrecht des Deutschen Volkes in Gestalt der völkerrechtlichen Souveränität« dem Eintritt in einen europäischen Bundesstaat Grenzen aufzeigen würde. Zu Recht, wenngleich aus ganz anderen Motiven, spricht Wolfgang Schäuble insoweit von einer »List der Geschichte«: »Man mag es als List der Geschichte betrachten, dass gerade auch Artikel 146 in Zukunft zur Geltung kommen könnte, wenn irgendwann einmal Teile der verfassungsmäßigen Ordnung und Kompetenz dauerhaft auf die Europäische Union übertragen werden sollten.« (Ders.: »Grundordnung auf dem Weg durch die Zeit«, in: Peter M. Huber (Hg.): Das Grundgesetz zwischen Stabilität und Veränderung. Tübingen 2007, S. 71).

NACHWORT

DAS »VEREINTE DEUTSCHLAND«

Souveränität nach außen und Autorität nach innen, die beiden Wesensmerkmale funktionierender Staatlichkeit, sind dem politischen System der Bundesrepublik Deutschland in den Jahrzehnten seines Bestehens letztlich fremd geblieben.[286] In ihrer Gründungsphase war sie nicht souverän. Die Wiedererlangung der staatlichen Souveränität, also die Überwindung der katastrophalen Folgen der Niederlage, war jedoch die zentrale Konstante in der Gründungsphase der Bundesrepublik. In der ihm eigenen Art ging der erste Bundeskanzler der Republik, Konrad Adenauer, immer ein Stück weiter, als dies die Vertragslage eigentlich zuließ. Keiner seiner Nachfolger erreichte hiernach mehr das Niveau seiner Kanzlerschaft. Es macht beinah den Anschein, als ob diese in der deutschen Frage irgendwann resigniert oder schlichtweg aufgegeben hätten.

Seit Gründung der Bundesrepublik im Jahr 1949 war die Regierung Adenauer bestrebt, die drei Westmächte möglichst schnell zur Beendigung des Besatzungsregimes zu bewegen. Dass dies formal in Gestalt der deutsch-deutschen Vereinigung erst im Jahr 1990 erreicht werden konnte, wäre damals wohl unvorstellbar gewesen. In der Tat ging man auf deutscher Seite 1949 davon aus, die Besatzungsmächte würden mit dem Erlass des Besatzungsstatuts die von ihnen seit dem Jahr 1945 ausgeübten Funktionen der deutschen Staatsgewalt wieder den

286 Vgl. Arnulf Baring: Deutschland was nun?. Berlin 1991, S. 126: »Die Diskussion wie es mit uns Deutschen weitergehen soll, werden wir jetzt führen müssen, und ich glaube, wir werden dabei nicht umhinkommen, die Geschichte von 1945 etwas genauer zu betrachten.« Neu ist diese Erkenntnis nicht. Hans-Joachim Arndt erhob bereits 1978 in *Die Besiegten von 1945* die Forderung, »Politikwissenschaft von Besiegten für Besiegte zu schreiben« (ders., a.a.O., S. 17). Zu den wahrscheinlichen Hintergründen der seit der Wiedervereinigung in der »deutschen Frage« herrschenden Taubstummendebatte vgl. Stefan Scheil: Transatlantische Wechselwirkungen. Der Elitenwechsel in Deutschland nach 1945. Berlin 2012.

verfassungsmäßig gebildeten deutschen Staatsorganen übertragen und sich auf bloße Aufsichtsfunktionen beschränken.[287] Auf Basis dieser Erwartungshaltung vollzog sich dann auch am 1. Januar 1957 tatsächlich die Wiedereingliederung des Saarlandes in die Bundesrepublik. Zu weitergehenden Erfolgen kam es hieran anschließend jedoch nicht mehr.

Spätestens Ende der 1960er Jahre hat es in der deutschen Außenpolitik einen Bruch gegeben. Praktisch sämtliche laufenden Bemühungen zur Wiedererlangung der deutschen Souveränität und namentlich der Wiedervereinigung wurden in dieser Zeit eingestellt. Sichtbarstes Zeichen hierfür war die im Jahr 1969 erzwungene Akzeptanz des Atomwaffensperrvertrages.[288] Unter Anwendung der Formel der »neuen Ostpolitik« wurde des Weiteren der Territorialanspruch auf die Ostgebiete des Deutschen Reiches zwar (noch) nicht förmlich aufgegeben, letztlich jedoch wurde die Wiedervereinigung im Sinne eines konstitutionellen Rechtsgebotes unter dieser Prämisse quasi ausgesetzt. In allen relevanten Politikfeldern kam es in der Folge zur Einführung einer Politik des freiwilligen Selbstverzichts. Im »Bericht zur Lage der Nation« räumte der damalige Bundeskanzler Willy Brandt dieses Anerkenntnis des Status quo sogar offiziell ein:

> »Die Bundesregierung respektiert […] die Rechte und Verantwortlichkeiten, die die drei Mächte in Bezug auf Deutschland als Ganzes und Berlin haben. Wir denken gar nicht daran, daran zu rütteln oder rütteln zu lassen. […] Ich habe lange genug in Berlin gewirkt, um zu wissen, dass es Dinge gibt, die für unsere Schultern zu schmal sind und für die uneingeschränkte Souveränität anzustreben die Bundesrepublik kein Interesse hat.«[289]

---

287 Vgl. Wilhelm Grewe: Deutsche Außenpolitik der Nachkriegszeit. Stuttgart 1960, S. 39.

288 Wilhelm Grewe spricht wohl zu Recht von einem seitdem geltenden »Zwei-Klassen-Völkerrecht«, mit dem die Bundesrepublik in einen »minderen Status« versetzt wurde (ders.: Rückblenden 1976–1951. Frankfurt/Main – Berlin – Wien 1979, S. 702).

289 So Bundeskanzler Willy Brandt: »Bericht zur Lage der Nation« (Rede am 14.1.1970), in: Texte zur Deutschlandpolitik. Hg. v. Bundesministerium für innerdeutsche Beziehungen. Reihe 1, Bd. IV. Bonn 1970, S. 209. 2016 wurde

Selbstverzicht als politische Handlungsdoktrin

So zukunftsträchtig die an die Gründung der Bundesrepublik Deutschland als Weststaat geknüpften Vorstellungen auch gewesen sein mögen: Die letzten sieben Jahrzehnte bundesrepublikanischer Realpolitik haben das konstitutive Dilemma des Grundgesetzes als »Übergangsverfassung« nicht zu überwinden vermocht.[290] Zwar behauptete jede

---

bekannt, dass die USA Willy Brandt in den 1950er Jahren geheime Zahlungen habe zukommen lassen. Der spätere Kanzler und SPD-Vorsitzende wurde damit im innerparteilichen Machtkampf für die Westintegration unterstützt (*Der Spiegel*, Nr. 24/2016). So habe der dammalige Bundestagsabgeordnete Brandt 200.000 Mark von den Amerikanern erhalten. Eine sehr hohe Summe, die etwa einem Drittel der jährlichen SPD-Mitgliedsbeiträge in Berlin entsprach. Später sei noch mehr Geld geflossen, schreibt *Der Spiegel*. Schon in den 1970er Jahren kursierten Gerüchte um geheime Zahlungen der USA an Brandt. Er selbst wies dies als »lügenhafte Kampagne« zurück. Aus Archivunterlagen gehe laut dem Magazin jedoch hervor, dass tatsächlich Geld floss.

290 Hans-Peter Schwarz bemerkte in seiner Darstellung der Adenauer-Zeit, dass neben anderen Ordnungsfaktoren der »institutionelle Rahmen des Grundgesetzes für den Bestand der erneuerten Demokratie wohl weniger bedeutsam gewesen sei« (Hans-Peter Schwarz: Die Ära Adenauer. Gründerjahre der Republik 1949–1957 [= Geschichte der Bundesrepublik Deutschland, Bd. 2.]. Stuttgart u. Wiesbaden 1981, S. 351). Diese Feststellung trifft indes nicht nur auf die unter Adenauer etablierte Kanzlerdemokratie zu, deren Format sich anerkanntermaßen sowohl auf normative als auch reale Faktoren stützte. Auch unter seinen Nachfolgern setzte sich dieser Befund nahtlos fort und verstärkte sich sogar. Die Realität, die mit dem Schlagwort Parteienstaat nur unzureichend auf den Begriff gebracht wird, lässt sich schließlich nicht allein aus Art. 21 GG ableiten. In der politischen Landschaft trifft man nicht mehr nur eine Vielzahl sog. »Küchenkabinette« an. Eine in ihrer verfassungsrechtlichen Bedeutung kaum noch zu durchdringende Gemengelage informeller Verfahren (= sog. »Bündnisse für …«), transkonstitutioneller Gremien (sog. Elefantenrunden) und privatrechtlicher Verträge (Koalitionsvereinbarungen), die die Normativität des Grundgesetzes überlagern und teilweise außer Kraft setzen, ist bestimmend geworden. Vgl. hierzu Karlheinz Niclauß: »Bestätigung der Kanzlerdemokratie? Kanzler und Regierungen zwischen Verfassung und politischen Konventionen«, in: *Aus Politik und Zeitgeschehen* (14.5.1999), B 20–99, S. 32 f. Ein Befund, den Hans-Herbert von Arnim auf die griffige Formel von der »Verfassung hinter der Verfassung« brachte (*ZRP*, 1999, S. 326 ff.).

Bundesregierung seit 1955 stets, die Bundesrepublik Deutschland sei souverän, und auf dieser Basis strebe sie die Wiedervereinigung an.[291] Nach außen hin musste man ja auch formal den sich aus der Präambel und Art. 23 ergebenden Grundgesetzauftrag erfüllen, die Einheit des deutschen Volkes herbeizuführen. *De facto* standen gerade dem wiederum die in den Stellungen des Kalten Krieges militärisch zementierten, deutschlandpolitischen Positionen der vier Mächte diametral entgegen. Gleichwohl hielt man auf deutscher Seite nach außen hin unbeirrt an der Behauptung fest, dass die (west-)alliierten Vorbehaltsrechte mit der Souveränität der Bundesrepublik vereinbar wären. Nach dieser Theorie stand den drei Westmächten die Befugnis der obersten Gewalt in Deutschland lediglich noch formal zu, da sie auf die Ausübung der sich daraus ergebenden Hoheitsrechte verzichtet hätten, mit Ausnahme ihrer am 5. Juni 1945 gemeinsam mit der Sowjetunion übernommenen Verantwortung für »Deutschland als Ganzes«.[292]

Tatsächlich fand, was jeder deutschen Bundesregierung seit Adenauer bekannt war, ein solcher Verzicht auf Seiten der Westalliierten zu keinem Zeitpunkt statt. Diese hielten an ihren Verantwortlichkeiten, so vor allem jedoch an ihren Rechten in Bezug auf das imaginäre Konstrukt »Deutschland als Ganzes« kontinuierlich fest. Selbst als beide deutschen Staaten 1973 Mitglied in der UNO wurden,[293] ließen

---

291 Diese offizielle Haltung erklärt sich nicht nur mit den absehbaren Folgen für das damalige Wahlverhalten der Gruppe der Vertriebenen, sondern war auch den rechtlichen Vorgaben des Bundesverfassungsgerichts geschuldet. Dieses hatte im KPD-Verbotsurteil vom 17.8.1956 ein grundgesetzliches Wiedervereinigungsverbot formuliert, das es im Grundlagenvertragsurteil vom 31.7.1973 spezifizierte und dann in seinem Beschluss vom 21.10.1987 zu einem »Wahrungsgebot« erweiterte.

292 Vgl. Wilhelm Grewe: »Der Deutschland-Vertrag nach zwanzig Jahren«, in: Dieter Blumenwitz u.a. (Hg.): Konrad Adenauer und seine Zeit. Politik und Persönlichkeit des ersten Bundeskanzlers. Beiträge von Weg- und Zeitgenossen. Stuttgart 1976, S. 698 ff.; vgl. auch Blumenwitz, »Der Vertrag vom 12.9.1990«, a.a.O., S. 607 ff., Fn. 61.

293 Die Streichung der Art. 53 und 107 der UNO-Charta (sog. Feindstaatenklausel) ging mit dem Beitritt nicht einher. Diese Artikel erlauben ohne Beschlüsse

die vier Siegermächte es sich nicht nehmen, in einer ihrer selten gewordenen gemeinsamen Erklärungen die Welt wissen zu lassen, dass die UN-Mitgliedschaft beider deutschen Staaten »die Rechte und Verantwortlichkeiten der vier Mächte und die bestehenden diesbezüglichen vierseitigen Regelungen, Beschlüsse und Praktiken in keiner Weise berührt«. Ein Faktum, dass später von keiner deutschen Regierung mehr in Frage gestellt wurde.

Über vier Jahrzehnte standen den drei Westalliierten eine Fülle von Vorbehaltsrechten gegenüber der Bundesrepublik zu. Im Wesentlichen zählten hierzu die Sonderrechte in Bezug auf Berlin, »Deutschland als Ganzes«, die Stationierung von Streitkräften sowie deren Schutz.[294] Ohne die drei Westmächte konnten die Deutschen nichts an der deutschen Teilung ändern. Selbst bei den Zwei-plus-Vier-Verhandlungen saß die Bundesrepublik nicht als gleichberechtigter Partner mit am Tisch, sondern wurde lediglich bei den Beratungen konsultiert. Mangels eingeräumter Vertretungsbefugnis war es auch nicht die Bundesrepublik, die im Jahr 1990 abschließend über die das Konstrukt »Deutschland als Ganzes« betreffenden Vorbehaltsrechte entschied. Es waren wiederum allein die vier Siegermächte, die unter Aufgabe ihrer sich selbst zugewiesenen Rechte und Verantwortlichkeiten abschließende Regelungen in Bezug auf das von ihnen seit 1945 offen gehaltene

---

des Sicherheitsrates Zwangsmaßnahmen gegen solche Staaten, die im Zweiten Weltkrieg gegen einen der Unterzeichnerstaaten der Charta Krieg führten und erneut den Frieden bedrohen.

294 Josef Foschepoth weist in seinem Buch *Überwachtes Deutschland* darauf hin, dass unter dem Deckmantel des vermeintlichen Schutzes der stationierten Streitkräfte eine erhebliche Ausweitung der Vorbehaltsrechte stattgefunden hat: »Mit Inkrafttreten der Verträge am 5. Mai 1955 umfasste der Sicherheitsvorbehalt nicht nur das völkerrechtlich allgemein akzeptierte Recht auf Notwehr und Selbstverteidigung der Streitkräfte, sondern auch drei weitere Vorbehaltsrechte: den Notstandsvorbehalt, den Überwachungsvorbehalt und den Geheimdienstvorbehalt« (ders., a.a.O., S. 38).

Schicksal des Rechtssubjekts Deutsches Reich sowie hinsichtlich der Kreation des neuen Rechtssubjekts »vereintes Deutschland« trafen.[295]

Zwar beendete der auf Basis des Einigungsvertrages am 3. Oktober 1990 vollzogene Beitritt der neuen Bundesländer und Berlins zur Bundesrepublik formal die innerdeutsche Teilung,[296] also den durch den Zweiten Weltkrieg etablierten Status quo in Mitteleuropa. Darüber hinaus markiert die Wiedervereinigung das vorläufige Ende des Ost-West-Konflikts und den Schlusspunkt einer mehr als vier Jahrzehnte dauernden Nachkriegsepoche. Bis dahin galt die Zweistaatlichkeit Deutschlands für die Gegner der Wiedervereinigung stets als eine der zentralen Voraussetzungen für das sicherheitspolitische Gleichgewicht und damit für den als ›Frieden‹ bezeichneten *Nicht*-Krieg in Europa. Jedoch spielte das Ziel einer Wiedervereinigung in der operativen Politik seit den 1960er Jahre keine Rolle mehr. Bis 1989 galt der Ausspruch Willy Brandts, dass »die Hoffnung auf Wiedervereinigung [...] geradezu zur Lebenslüge der zweiten deutschen Republik« geworden sei,[297] mehr oder minder als mehrheitsfähiger deutschlandpolitischer Konsens.

---

295 Bis auf wenige Ausnahmen sind die in diesem Zusammenhang (Zwei-plus-Vier-Vertrag) vorgenommenen Verfassungsinterventionen, wie bspw. die erzwungene Streichung von Art. 23 GG, kritiklos geblieben.

296 Ein verbreiteter Irrtum besagt, dass der Beitritt der neuen Länder zur Bundesrepublik über Art. 23 GG erfolgt wäre. Tatsächlich war dieser GG-Artikel jedoch gemäß Art. 4 Nr. 2 des Einigungsvertrages, der am 29.9.1990 in Kraft trat, mit Wirkung desselben Tages bereits aufgehoben worden. Der »Beitritt« erfolgte mithin auf Basis des Einigungsvertrages, der sich insoweit als echter völkerrechtlicher Vertrag der Bundesrepublik mit der DDR darstellt. Dass die Bundesrepublik die DDR im juristischen Moment ihres eigenen Untergangs als gleichrangiges, internationales »Völkerrechtssubjekt« legitimierte, ist der eigentliche Treppenwitz an der ›Wieder‹-Vereinigung.

297 Willy Brandt: Erinnerungen. Frankfurt/Main 1989, S. 156 f.; vgl. zur Thematik: Sören Roos: Das Wiedervereinigungsgebot des Grundgesetzes in der deutschen Kritik zwischen 1982 und 1989. Berlin 1996.

Der Zwei-plus-Vier-Vertrag in Bezug auf Deutschland

Voraussetzung für die deutsche Wiedervereinigung war der Abschluss des »Vertrags über die abschließende Regelung in Bezug auf Deutschland«, kurz Zwei-plus-Vier-Vertrag. Fünfundvierzig Jahre nach dem Ende der militärischen Konfrontationslagen wurde in diesem das Selbstbestimmungsrecht des deutschen Volkes wie selbstverständlich unter die Kuratel eines Mitspracherechtes der vier Mächte gestellt, die unter diesem Rechtstitel für sich Ansprüche aus dem 1945 über das Deutsche Reich errungenen Sieg reklamierten. Von Seiten des damaligen Außenministers Hans-Dietrich Genscher wurden hiergegen auch keine Einwände vorgebracht. Schon zu Beginn der Zwei-plus-Vier-Verhandlungen versicherte dieser am 13. Februar 1990 in Ottawa vielmehr, die »politischen Bindungen« der alliierten Entscheidungen freiwillig akzeptieren zu wollen: »Wir respektieren die Rechte und Verantwortlichkeiten der vier Mächte, die für Deutschland als Ganzes Verantwortung tragen.« Und weiter: »Die Verhandlungen, die die beiden deutschen Staaten miteinander über die Vereinigung führen werden, werden nicht hinter dem Rücken der Vier Mächte geführt.«[298]

Konrad Adenauer oder Carlo Schmid wären solche Aussagen sicherlich nicht so leichtfertig über die Lippen gekommen,[299] wie dies hier den Anschein hat. Aber Zeiten ändern sich bekanntlich. Bis auf wenige Ausnahmen sind die im Zusammenhang der Zwei-plus-Vier-Verhandlungen beschlossenen Verfassungsinterventionen, wie bspw. die erzwungene Streichung des in Art. 23 GG enthaltenen Wiedervereinigungsgebots, ohne Kritik geblieben. Dies überrascht umso mehr,

---

298 Text der Rede Hans-Dietrich Genschers in: Karl Kaiser: Die Vereinigung Deutschlands. Die internationalen Aspekte. Bergische Gladbach 1991, S. 196.

299 Die Abgabe dieser »Freiwilligkeits«-Erklärung, mit der bestimmende Vorgaben und Regelungen akzeptiert werden, wurde zumindest offiziell von Außenminister Genscher nicht gefordert. Rechtliche Bedeutung hat der Vorgang allerdings. Nach der Wiener Vertragskonvention ist es so, dass völkerrechtliche Verträge quasi unanfechtbar sind, wenn die darin festgelegten Verpflichtungen »freiwillig« eingegangen werden.

da die Geltung des Zwei-plus-Vier-Vertrages in zeitlicher Hinsicht keiner Befristung unterliegt. Die damit eingegangenen Verpflichtungen gelten somit prinzipiell unbegrenzt. Auch inhaltlich ergeben sich aus dem Vertrag umfangreiche Eingriffe in die Verfassungsautonomie der Bundesrepublik:

»• Nach diversen Bestimmungen des Zwei-plus-Vier-Vertrags hat sich das vereinte Deutschland ausdrücklich verpflichtet, über seine zum Zeitpunkt des Vertragsschlusses bestehenden Grenzen keine Gebietsansprüche zu erheben (Art. 1 Abs. 3) – etwa auf die seit dem Zweiten Weltkrieg zur Sowjetunion gehörenden Gebiete des Deutschen Reiches östlich der Oder-Neiße-Linie,

- auf atomare, biologische und chemische Waffen zu verzichten und sich insbesondere an die Verpflichtungen aus dem Vertrag über die Nichtverbreitung von Kernwaffen vom 1. Juli 1968 zu halten (Art. 3 Abs. 1 S. 2),
- seine Streitkräfte innerhalb von drei bis vier Jahren auf 370.000 Mann (Land-, Luft- und Seestreitkräfte, davon nicht mehr als 345.000 Mann bei den Land- und Luftstreitkräften) zu reduzieren (Art. 3 Abs. 2 und 3),
- auf dem Gebiet der ehemaligen DDR und Berlins keine (näher definierten) deutschen Kernwaffenträger zu stationieren und dafür zu sorgen, dass keine ausländischen Streitkräfte und Atomwaffen oder deren Träger auf diesem Gebiet stationiert oder dorthin verlegt werden (Art. 5 Abs. 3),
- sicherzustellen, dass die Verfassung des vereinten Deutschlands keinerlei Bestimmungen enthalten wird, die mit diesen Prinzipien unvereinbar sind (Art. 1 Abs. 4 S. 1),
- keine seiner Waffen jemals einzusetzen, es sei denn in Übereinstimmung mit seiner Verfassung und der Charta der Vereinten Nationen (Art. 2 S. 3).«[300]

300 So das Gutachten des Wissenschaftlichen Dienstes des Deutschen Bundestages »Fortbestehende rechtliche Verpflichtungen Deutschlands gegenüber den vier Siegermächten«, WD 2–3000–006/16 (Stand: 29.1.2016)

Betrachtet man sich den Inhalt dieser Selbstverpflichtungen genauer, ergeben sich zum einen daraus Vorgaben vor allem hinsichtlich der endgültigen Aufgabe eventueller Gebietsansprüche auf die ehemaligen Ostgebiete des Deutschen Reiches, was in der »alten« Bundesrepublik sicherlich bis weit in die 1970er Jahre noch völlig undenkbar gewesen wäre. Zum anderen geht es um umfangreiche militärische Beschränkungen, von denen als weitreichendste wohl der Verzicht auf ABC-Waffen hervorzuheben ist.[301] Etwaige Gegenleistungen für diese Verpflichtungen scheinen in dem Vertrag hingegen – überraschenderweise? – nicht auf. Dafür findet sich jedoch noch eine inhaltlich sehr weitreichende, positive Selbstverpflichtungserklärung, »dass die Verfassung des vereinten Deutschlands keinerlei Bestimmungen enthalten wird, die mit diesen Prinzipien unvereinbar« ist.

Nicht von den Regelungen des Zwei-plus-vier-Vertrages berührt wurden die in Art. 53 und 107 der UN-Charta enthaltenen sog. Feindstaatenklauseln.[302] Die damit unmittelbar zusammenhängenden Vier-Mächte-Rechte in und über »Deutschland als Ganzes«, um deren Beendigung es in dem Zwei-plus-Vier-Vertrag ja geht, wurde den Vereinten Nationen gegenüber auch nicht anderweitig notifiziert oder förmlich auf diplomatischer Ebene mitgeteilt. Es bleibt damit auch für die Zukunft weiterhin eine offene Frage, ob die Art. 53 und 107 der UN-Charta noch in Geltung sind oder jedenfalls eine Berufung auf diese in Zukunft noch erfolgen könnte.[303] Gleiches betrifft die Frage,

---

301 Konrad Adenauer bezeichnete den von der Bundesregierung 1969 unterzeichneten Atomwaffensperrvertrag als »Morgenthau-Plan im Quadrat« (in: *Der Spiegel*, Nr. 10/1967, S. 21), der CSU-Vorsitzender Franz Josef Strauß sah damals darin sogar »ein neues Versailles, und zwar eines von kosmischen Ausmaßen« (ebenda, S. 18). Wilhelm Grewe konzedierte die Einführung eines »Zwei-Klassen-Völkerrechts« durch die beiden Sieger-/Supermächte (ders., Rückblenden, a.a.O., S. 702).

302 Blumenwitz, »Der Vertrag vom 12.9.1990«, a.a.O., S. 3047.

303 Die Bundesregierung vertritt den Standpunkt, dass die Klauseln mit dem Beitritt der Bundesrepublik zur UNO außer Kraft getreten und obsolet geworden sind. Eine rechtlich überzeugende Begründung findet sich hierzu nicht. Vgl. auch das Gutachten des Deutschen Bundestages »Die Feindstaatenklauseln« vom 1.10.2008, Az.: WD 2 – 3000 – 147/07. Das von der Behauptung wenig zu halten

ob die nach Art. 7 Abs. 1 des Zwei-plus-Vier-Vertrages abgelösten Vier-Mächte-Rechte nunmehr endgültig erloschen sind oder diese eventuell in dem Fall wieder aufleben, dass in eine zukünftige deutsche Verfassung Bestimmungen aufgenommen werden, die nach Ansicht einer der vertragsschließenden Parteien »mit diesen Prinzipien« des Zwei-plus-Vier-Vertrages nicht in Einklang stehen.

Vergleicht man nun die mit dem Jahr 1990 ausgelöste Entwicklung mit dem, was die Mitglieder des Parlamentarischen Rates wollten, so gelangt man unwillkürlich zu einem zwiespältigen Urteil. Einerseits muss man der Staatsorganisation der Bundesrepublik tatsächlich konzedieren, ein politisches Format geschaffen zu haben, das den ›Wiederaufbau‹ moderieren, also die katastrophalen innenpolitischen Zustände zu überwinden vermochte. Andererseits hat sich hieraus aber auch keine politische Struktur ergeben, mit der auf der staatlichen Ebene eine volle Souveränität der Bundesrepublik hätte reetabliert werden können. Zwar ist die Bundesrepublik heute auf internationaler Ebene allseits akzeptiert und in sämtlichen Gremien vertreten. Es handelt sich aus den zuvor dargelegten Gründen aber um keine Vertretung ›auf Augenhöhe‹. Die Mitgliedschaften auf supranationaler Ebene in der NATO, EU und UNO beruhen vielmehr durchgängig auf einer besonderen Art von »Einbindung«, durch die Zubilligung eines Status von formaler Gleichrangigkeit ohne politische Potenz.

Auf deutschem Boden gilt natürlich deutsches Recht. In der alles entscheidenden Frage nach der politischen Souveränität aber eben nur in dem Umfang, als dies von den Alliierten zugestanden wurde. So erreichte die Bundesrepublik unter Adenauer mit dem formalen Ende des Besatzungsregimes im Jahr 1955, wie es in Art. 1 Abs. 2 des Deutschland-Vertrages einschränkend heißt, nicht die volle Souveränität, aber immerhin »die volle Macht eines souveränen Staates über ihre inneren und äußeren Angelegenheiten«.[304] Mit dem späteren Beitritt

---

ist, verdeutlicht bereits der Umstand, dass sie von der in gleicher Hinsicht betroffenen japanischen Regierung nicht geteilt wird.

304 Der Chef der damaligen Verhandlungsdelegation, Wilhelm Grewe, erinnert sich weiter: »Adenauer wusste, welche Hypotheken der Deutschland-Vertrag der

zu den europäischen Institutionen sowie der Aufnahme in die NATO schaffte man es politisch immerhin noch, einen Status von formaler Gleichberechtigung zu erreichen. »Die in den Pariser Verträgen von 1954 und mit der deutschen Wiederbewaffnung errungene Gleichberechtigung der Bundesrepublik«, resümierte Wilhelm Grewe im Rückblick, sei jedoch spätestens, als die Bundesrepublik im Jahr 1969 dem Atomwaffensperrvertrag beitrat, »wieder verlorengegangen«.[305]

Dass die deutsche Frage und die Möglichkeit zur innerdeutschen Wiedervereinigung 1989/90 unter der Kanzlerschaft von Helmut Kohl wieder auf die Tagesordnung kamen und letztere auch tatsächlich vollzogen wurde, war keine Folge eines darauf zielenden, wie auch immer zu qualifizierenden, westdeutschen Strebens mehr.[306] Ausschlaggebend dazu war allein das in der Geschichte bisweilen auftretende Phänomen ›Zufall‹ und letztlich die wirtschaftliche Misere des Ostblocks. Dass dies in der Mehrzahl der Veröffentlichungen zum Thema »Selbstbestimmungsrecht der Deutschen« nicht gesehen wird, hat wohl mit einer ganz besonderen Art von Wahrnehmungsverzerrung zu tun.[307] In den allermeisten Fällen wird sich das daher wahrscheinlich auch mit den unausgesprochenen Sekundärmotivationen der jeweiligen Autoren erklären lassen.[308]

---

formal eingeräumten Souveränität der Bundesrepublik aufbürdete. Er wusste, welche Privilegien die früheren Besatzungstruppen auch nach dem Mai 1955 behielten, welches politische Gewicht ihrer Anwesenheit zukam, wie schwierig es sein würde, die Gleichberechtigung der deutschen Streitkräfte innerhalb der Allianz zu etablieren und zu behaupten. Auch über die deutschlandpolitischen Vorstellungen der Alliierten und ihrer Völker machte er sich keine Illusionen« (ders., Rückblenden, a.a.O., S. 210 f.).

305 Ebenda, S. 702.

306 Bildlich kann man es auch so ausdrücken, dass die Wiedervereinigung Kohl damals eher auf den Kopf als in den Schoß gefallen ist.

307 Vgl. hierzu Jens Hacker: Deutsche Irrtümer. Schönfärber und Helfershelfer in der SED-Diktatur im Westen. Berlin, Frankfurt/Main 1992.

308 Angesprochen ist hiermit ebenfalls die in der deutschen Staatsrechtslehre unter dem Stichwort (Dis-)Kontinuität erörterte Frage, ob und wenn ja, in welcher Rechtsform das Deutsche Reich nach 1945 fortexistierte. So ist die zunächst

bestrittene Ansicht, dass das Deutsche Reich als Völkerrechtssubjekt infolge der militärischen Kapitulation der deutschen Streitkräfte nicht untergegangen sei, allgemein herrschend geworden. Zur Begründung wurden indes drei unterschiedliche Theorien (Identitäts-, Teilidentitäts- und Dachtheorie) vertreten, deren Ansätze stark voneinander abwichen. Für die Praxis verfügten sämtliche dieser Theorien kaum über einen Nutzen, da sie so gut wie keinen Realitätsbezug aufwiesen. Auf Basis der Erkenntnisse, die der Abschluss des Zwei-plus-Vier-Vertrages mit sich brachte, hätten die Vertreter dieser Theorien ihre eigenen Positionen zudem falsifizierend hinterfragen müssen. Eine solche Ergebnisanalyse, die ja auch zu der Erkenntnis hätte führen können, dass die meisten dieser Vorstellungen über den Stand einer wunschrechtlichen Projektion nicht hinausgekommen sind, fand indes nicht statt.

ANHANG

DIE OFFENE ›STAATSRÄSON‹ DER BUNDESREPUBLIK DEUTSCHLAND

Das Grundgesetz für die Bundesrepublik Deutschland ist nach einem bekannten Wort Ernst Forsthoffs nicht das Ergebnis einer politischen Entscheidung, sondern das Produkt einer Niederlage, genauer eines Zustandes beispielloser Schwäche als Folge der Verwüstungen des verlorenen Krieges.[309] Damit fehlt dem Grundgesetz – im Gegensatz zur Weimarer Reichsverfassung – die Legitimität und die Evidenz, deren eine Verfassung nach herkömmlicher Ansicht bedarf, um die Staatsaufgaben und -ziele in souveräner Gesamtheit zur Geltung zu bringen.[310]

---

309 Siehe Ernst Forsthoff: Der Staat der Industriegesellschaft. München 1971, S.61. An dieser Stelle spricht er allerdings nur von »Lage«. Dass es sich bei der Formulierung um eine bewusst unscharf gehaltene Feststellung handelte, lässt sich daran erkennen, dass Forsthoff denselben Tatbestand 1955 noch viel deutlicher akzentuiert hatte. In einem Vortrag konstatiert er, dass die Bundesrepublik seiner Ansicht im »Zustande totaler Verantwortungslosigkeit« entstanden sei (ders.: »Das politische Problem der Autorität«, in: *Der Horizont*, Bd. 1. Bad Herrenalb 1956, S. 1 f.). Die entscheidende Wende trat nach Forsthoff aber erst ein »als unter der Herrschaft des Grundgesetzes nicht mehr das finanzielle Leistungsvermögen des Staates, sondern das Volumen des Bruttosozialproduktes zum Maßstab der sozialen Umverteilung – alles soziale Handeln des Staates ist Umverteilung – genommen wurde. Das bedeutete die Auslieferung der staatlichen Entschließung an die Bedingungen des Wirtschaftens schlechthin. Und damit hat die Bundesrepublik nach der äußeren auch die innere Souveränität verloren: In welchem Sinne man sie noch Staat bezeichnen will, ist eine Frage der Benennung« (ders.: »Verfassung und Verfassungswirklichkeit der Bundesrepublik«, in: *Merkur* 241 (1968), S. 401 ff.

310 Vgl. Forsthoff, Der Staat der Industriegesellschaft, a.a.O., S. 66: »Eine Verfassung, die Ausdruck einer Entscheidung ist, hat jenen Grad an Evidenz, der jeder Entscheidung innewohnt. Lagen jedoch und Verfassungen, die das Ergebnis von bloßen Lagen sind, bieten sich als Objekte ideologischer Spekulationen an« (S. 67).

Nichtsdestotrotz jährt sich seit dem Jahr 1949 jeweils zum 23. Mai der Tag, an dem das Grundgesetz in Bonn förmlich in Kraft getreten ist. Damit steht es länger als irgendeine andere deutsche Verfassung zuvor in Geltung.[311] Im Gegensatz zum Vorgängermodell der Weimarer Reichsverfassung wird das Grundgesetz nach verbreiteter Ansicht auch als gelungenes Verfassungswerk gesehen.[312] Nimmt man allerdings die Änderungsfrequenz einer Verfassung als Indiz für ihre Bewährung, so spricht das nicht gerade für das Grundgesetz.[313] Bis ins Jahr 2020 wurde es mehr als 64 (in Worten: vierundsechzig!) Mal geändert, wovon 35 Änderungen – zuletzt 1983 – zeitlich vor dem Beitritt der DDR lagen.[314]

Die Vielzahl an Änderungen des Grundgesetzes steht in deutlichem Kontrast zur Weimarer Reichsverfassung, die jedenfalls bis zum Inkrafttreten des sog. Ermächtigungsgesetzes im Jahr 1933 in ihrem Kern unangetastet blieb. Keine oder jedenfalls nur wenige andere Verfassungen dürften in so kurzer Zeit im Wortlaut so oft verändert worden

---

311 Vgl. Dieter Grimm: »Keine deutsche Verfassung hat länger gegolten als das Grundgesetz. Keine ist aber auch so oft geändert worden wie dieses [...].« (»Parteiinteressen und Punktsiege. Wie man eine Verfassung verderben kann«, in: *FAZ*, 12.12.1998, Beilage).

312 Die Behauptung ist so vielfältig, dass sie sich mittlerweile quasi in jedem Werk zum Grundgesetz findet. Rationale Argumente zur Begründung werden hierfür im Grunde nicht genannt. Angeführt werden lediglich das »konstruktive Misstrauensvotum« sowie die Ewigkeitsklausel des Art. 79 Abs. 3 GG. Dass die politischen Machtverhältnisse, also die Tatsache der Parteienherrschaft im und durch das Grundgesetz nicht begrenzt ist, wird dabei – versehentlich? – glatt übersehen.

313 Zum Vergleich: Die Verfassung der USA wurde in ihrer mehr als 200-jährigen Geschichte nur durch 26 »amendments« ergänzt bzw. fortgeschrieben.

314 Vgl. auch 60 Jahre Grundgesetz – Zahlen und Fakten, in: Wissenschaftliche Dienste des Bundestages, WD 3 – 3000 – 181/09 (2009), sowie Gerhard Robbers: »Die Änderungen des Grundgesetzes«, in: *NJW*, 1989, S. 1325 ff., und Christian Stark: »Das Grundgesetz nach 50 Jahren: bewährt und herausgefordert«, in: *JZ*, 1999, S. 475.

sein.[315] Das gilt für ganze Abschnitte des Grundgesetzes, andere wurden komplett neu eingefügt. Infolge dessen schwoll der Umfang des Textes von ursprünglich 143 auf 185 Artikel an.[316] Die umfangreichsten und am meisten umstrittenen Änderungen betrafen vor allem die für die Wiederbewaffnung notwendige Einführung einer Wehrverfassung (1954 und 1956) und die sog. Notstandsverfassung (1968), Regelungen also, die den Deutschen 1948/49 von den Alliierten noch verwehrt worden waren. Weniger spektakulär, in der Sache aber durchaus tiefgreifend war die Reform der bereits zuvor wiederholt geänderten Finanzverfassung (1969). Deren föderative Ausgestaltung war ebenfalls einer der zentralen Konfliktpunkte mit den Alliierten im Parlamentarischen Rat gewesen.

Zahlreiche weitere Einzeländerungen betrafen die (Gesetzgebungs-) Kompetenzen des Bundes, die wiederholt erweitert wurden. Weniger verändert wurde das Recht für die obersten Bundesorgane, dafür jedoch mehrfach das Parlaments- und das Parteienrecht. Die Grundrechtsbestimmungen blieben außerhalb von Wehr- und Notstandsverfassung bis ins Jahr 1998 weitgehend unberührt. Erst dann wurde der Art. 13 zur Legalisierung des sog. Großen Lauschangriffes einer tiefgreifenden Einschränkung unterzogen. Die hiernach folgenden, wohl weitreichendsten Änderungen fanden im unmittelbaren zeitlichen Zusammenhang mit der Wiedervereinigung statt. Diese »beitrittsbedingten« Änderungen betrafen vor allem die Präambel, die Art. 23 und 146 und führten – unter Aufgabe des Wiedervereinigungsgebots – zur Aufnahme einer staatlichen Selbstverpflichtung »zur Verwirklichung eines vereinten Europas«. Der ursprüngliche Verfassungsauftrag zur

---

315 Vgl. Alexander Roßnagel: Die Änderungen des Grundgesetzes. Eine Untersuchung der politischen Funktionen von Verfassungsänderungen. Frankfurt/Main 1981, S. 1.

316 Schon Aristoteles warf in seiner *Politik* (3. Buch, Kap. 3) die Frage auf, wie lange von der Identität eines Staates gesprochen werden kann. Er beantworte diese dahin, dass ein Staat nicht derselbe bleibt, dass ein Wechsel der Person des Staates eintritt, wenn die Verfassung der Art nach eine andere geworden ist. Vgl. zur Problematik auch Hans Vorländer: »Identität des Grundgesetzes nach 30 Jahren?«, in: *JuS*, 1979, S. 313 ff.

Herstellung der nationalen Einheit wurde also durch eine supranationale Integrationsmitwirkungspflicht ersetzt. Weder für die Reichweite noch für das eigentliche Ziel – Bundesstaat oder Staatenverbund? – dieser Verpflichtung zu quasi »mehr Europa« sind indes klare Grenzen zu erkennen.[317]

Wenn es tatsächlich zutreffend ist, dass der freiheitliche, säkularisierte Staat von Voraussetzungen lebt, die er selbst weder herzustellen noch zu garantieren vermag,[318] dann ist das Bonner Grundgesetz durch diese Änderungen zu einer Wirkung im politischen Prozess gelangt, die am Tag seiner Verabschiedung so nicht vorauszusehen war. Dass dem so ist, lässt allerdings auch erkennen, dass es normativ zu schwach determiniert ist,[319] um im politischen Prozess seine rechtlichen

---

317 Nach dem Wortlaut von Art. 23 Abs. 1 Satz 1 GG ist es ausreichend, dass in der Europäischen Union nur deutlich geminderte Substandards der demokratischen, rechtsstaatlichen, sozialen und föderativen Grundsätzen gelten, die »einen diesem Grundgesetz im wesentlichen vergleichbaren Grundrechtsschutz gewährleiste[n]«. Das besagt nichts anderes, als dass das Handeln der deutschen Regierung in Bezug auf die europäische Integration nicht an die Vorgaben aus Art. 20 GG, also das dort u.a. niedergelegte Demokratieprinzip in vollem Umfang gebunden ist. Gerade dies unterstreicht, dass es sich bei dem Projekt der Europäischen Union prinzipiell nicht um ein demokratisches Anliegen handeln kann.

318 So Ernst-Wolfgang Böckenförde: »Die Entstehung des Staates als Vorgang der Säkularisation« [1967], in: ders.: Staat – Gesellschaft – Freiheit. Frankfurt/Main 1976, S. 60; Paul Kirchhof: »Freiheit in der Gemeinsamkeit der Werte. Der Staat lebt von Voraussetzungen, die er selbst mitverantwortet«, in: *FAZ*, 22.5.1999, S. 8: »Der Staat soll von Voraussetzungen leben, die er selbst nicht garantieren kann. Soweit damit betont wird, dass sich der freiheitliche Rechtsstaat in die Hand der Freiheitsberechtigten begibt, das Gelingen einer freiheitlichen Ordnung in Staat, Wirtschaft und Gesellschaft also davon abhängt, dass die Freiheitsberechtigten das Freiheitsangebot annehmen, wird ein zutreffender Kerngedanke unseres Verfassungssystems formuliert.«

319 Vgl. Schüßlburner, a.a.O., S. 635 ff.: »Die Auslegungsfähigkeit des Grundgesetzes […] in der einen oder anderen Richtung wird durch die oft mangelhafte juristische Qualität des Grundgesetzes erleichtert, welche es dann von der Willkür des Interpreten, d.h. von seiner Macht abhängig macht, welches Vor-Verständnis sich durchsetzt. So ist etwa schon die normative Qualität der gemäß

Funktionsprinzipien als abschließende Definitiva integrativ zur Geltung zu bringen.[320] So versieht das Grundgesetz zwar den politisch-demokratischen Prozess mit formellen, notwendigerweise auf Richtlinien beschränkten rechtlichen Direktiven und Programmen. Mit welchen inhaltlichen Zielvorstellungen diese ausgeführt werden, schreibt es aber nicht verbindlich fest. Es liegt dem Grundgesetz anerkanntermaßen kein allgemein konsentiertes Prinzip zur Herstellung eines materiellen, über verfassungsrechtliche Rahmenbedingungen – und Grundrechte – hinausreichenden Ordnungsgefüges zugrunde. In der Normativität des Verfassungstextes findet die »freiheitliche demokratische Grundordnung« zwar in Art. 91 Abs. 1 GG eine positivrechtliche Stütze. Gerade auf diesen Artikel beruft sich das Bundesverfassungsgericht in seiner einschlägigen Judikatur überraschenderweise aber nicht.[321] Was die Verfassung im Einzelfall ihrem Wortlaut nach offenzulassen scheint, muss erst noch durch konkretisierende Normausfüllung argumentativ »nachgeliefert« werden. Dass das Grundgesetz

---

Art. 79 Abs. 3 GG zentralen Bestimmung des Art. 1 GG mangels eindeutigem Normadressaten unklar, wonach der Schutz der Menschenwürde ›Verpflichtung aller staatlichen Gewalt‹ sei. Desgleichen ist bei dem weiteren zentralen Art. 20 GG unklar, was gemeint ist, wenn ›alle Staatsgewalt […] vom Volke‹ ausgeht.«

320 Die kontinuierliche Ausweitung der Aufgaben des Staates und seiner Institutionen geht nicht einher mit einer Vergrößerung seiner Finanz- und Machtmittel. Staat und Institutionen werden im Gegenteil bei der Erfüllung ihrer Aufgaben mehr und mehr von der Folgebereitschaft privater Akteure und selbsternannter gesellschaftlicher Interventionisten abhängig. Was »formell als staatliche Entscheidung erscheint, ist materiell betrachtet (oft) das Ergebnis von Aushandlungsprozessen, an denen öffentliche Gewalt und private Macht in einer schwer lösbaren Mischung beteiligt sind«, so Dieter Grimm in *Die Zukunft der Verfassung* (Frankfurt/Main 1991, S. 65). »Maßhalteappelle sind deshalb zum Scheitern verurteilt. Vielmehr bedarf es verstärkt gesetzlicher Vorkehrungen gegen die Expansion von Parteienmacht. Vorschläge dazu leiden freilich unvermeidlich unter der Schwäche, dass sie für ihre Umsetzung auf die Mitwirkung der Parteien angewiesen sind«, so Hans H. Klein (»Eine demokratische Notwendigkeit«, in: *FAZ*, 5.7.1999, S. 13).

321 Vgl. zur grundrechtlichen Problematik Walter Schmidt-Glaeser: »Meinungsfreiheit – Ehrenschutz und Toleranzgebot«, in: *NJW*, 1996, S. 873 ff.

bei dieser Arbeit, die vor allem vom Bundesverfassungsgericht geleistet wird, nicht nur wortgetreu interpretiert, sondern auch fortgebildet, ja *intra*, *praeter*, *extra* und bisweilen sogar *contra legem* ergänzt wird, ist wohl offensichtlich.[322]

Es gibt heute keine Sphäre unseres staatlich-politischen wie gesellschaftlich-sozialen und bürgerlich-freiheitlichen Lebens mehr, in der es nicht vor allem das Bundesverfassungsgericht gewesen ist, das mit seiner Rechtsprechung die maßgebenden Konturen der Verfassung verdeutlicht und ebenso konkretisiert wie aktualisiert hat.[323] Innerhalb eines Jahrzehnts, zwischen 1952 und 1962, ist so die Interpretationsherrschaft über den Inhalt der »Verfassung« von der Politik und Staatswissenschaft auf das Bundesverfassungsgericht übergegangen, wo sie seitdem, nie oder jedenfalls nie grundsätzlich in Frage gestellt, ruht.[324] Die Folgen des damit einhergehenden, gleitenden Übergangs vom parlamentarischen Gesetzgebungsstaat in den verfassungsgericht-

322 Die als sog. Rundfunkurteile des Bundesverfassungsgerichts bekannt gewordenen Entscheidungen zur Rundfunkfreiheit aus Art. 5 GG haben jeweils mehrere hundert Seiten Text. Der Inhalt des Art. 5 beschränkt sich hingegen auf wenige Sätze.

323 Wer sich heute formal im Rahmen der Verfassung bewegen will, sieht sich dazu gezwungen, seine legalitätsschaffende Basis innerhalb der vom Bundesverfassungsgerichtspositivismus gesetzten Grenzen zu suchen. Welche Auswirkungen dies hat, ist daran abzusehen, dass »heute der Bezug und die Berufung auf die Verfassung, vor 1933 aber ihre Ausklammerung oder Bekämpfung die vorherrschende Tendenz aller politischen Gruppierungen ist« (Karl-Dietrich Bracher: »Verfassungen in der Bewährung? Zum Streit um das Demokratieverständnis in der Bundesrepublik«, in: ders., Zeitgeschichtliche Kontroversen um Faschismus, Totalitarismus, Demokratie. 4. Aufl. München 1980, S. 104).

324 So Wilhelm Hennis: »Integration durch Verfassung«, in: *JZ*, 1999, S. 485 ff. Gerade dieser Befund wirft ein helles Licht auf die Personalpolitik, die für die Besetzung der Karlsruher Richterbänke in den vergangenen Jahrzehnten ausschlaggebend gewesen ist. »Eines war klar«, schreibt Hennis, »in das Bundesverfassungsgericht kam niemand, der, Erich Kaufmanns Kommentar zur ersten Schmitt-Festschrift zitierend, zu ›Carl Schmitt und seiner Schule‹ gerechnet wurde« (ebenda, S. 486).

lichen Jurisdiktionsstaat liegen auf der Hand. Insbesondere dem Begriff der verfassungsmäßigen Ordnung, der bis dahin vor allem im staatsorganisatorischen Sinne verstanden worden war, wurde dabei vom Bundesverfassungsgericht durch die maßgeblich von ihm selbst geprägte Wechselwirkungstheorie und Abwägungskasuistik quasi ein *extra*-konstitutioneller Gehalt aufgesattelt, der den logischen Prämissen eines rechtsstaatlichen Verfassungsvollzugs nur noch bedingt zugänglich ist.[325]

Auf Form und Ebene der politischen Auseinandersetzung hat dies tiefgreifende Auswirkungen gezeigt. »Verfassungskonform« kann sich die weitere Entwicklung der Bundesrepublik eigentlich nur noch im Sinne und nach Maßgabe des bundesverfassungsgerichtlichen Positivismus (vgl. Art. 9 Abs. 2, 18 und 21 Abs. 2 GG) vollziehen.[326] Dieser an die

---

325 Im Jahr 2009 hat das BVerfG dem Grundgesetz erstmals eine Deutung gegeben, die in ihrer Einseitigkeit als im offenen Widerspruch zu den Intentionen der Urheber stehend gesehen werden muss. So wurde das Prinzip der Rechtsstaatlichkeit in der Entscheidung zur Verfassungsmäßigkeit des § 130 Abs. 4 StGB (= Beschluss vom 4.11.2009 – 1 BVR 2150/08 – in: *NJW*, 2010, S. 47 ff.) entscheidend dahin eingeschränkt, dass neben den allgemeinen Gesetzen die besondere Kategorie des »nichtallgemeinen« Sondergesetzes für verfassungsrechtlich zulässig erklärt wurde. Begründet wurde dies damit, dass das Grundgesetz von seiner Genese als »Gegenentwurf zu dem Totalitarismus des nationalsozialistischen Regimes gedeutet werden« müsse. Dies wiederum rechtfertigte das BVerfG überraschenderweise mit der positiven Bezugnahme auf die Atlantik-Charta vom 14.8.1941. Die Konsequenzen dieses gedanklichen Ansatzes entwickelte das Gericht dann in seiner Entscheidung zum Nichtverbot der NPD vom 17.1.2017 – 2 BvB 1/13 – weiter. Hier gelangte es zu einer völlig neuartigen Auslegung des demokratischen Prinzips, die diametral zu der im Parlament. Rat dazu herrschend gewesenen Vorstellungen vom ›Volk‹ als nationalem Demos steht. Vgl. hierzu Thor von Waldstein, der in *Wer schützt die Verfassung vor Karlsruhe?* (Steigra 2017) die Frage aufwirft, ob es sich in diesem Fall quasi um einen Verfassungsputsch von oben handelt.

326 Der damit angesprochene Verfassungswandel durch Verfassungsgerichtsbarkeit engt die formelle Offenheit des Grundgesetzes ein und bewirkt eine »Verrechtlichung der Politik«. Vgl. Hans-Peter Ipsen: »Über das Grundgesetz – nach 25 Jahren«, in: *DöV*, 1974, S. 294, der den daraus folgenden »ideologisierenden Andrang und Zugriff zum Grundgesetz« beklagt. Vgl. auch Ekkehart Stein:

Stelle einer wertindifferenten formalen Toleranz getretene, prinzipiell alle politischen Bereiche durchdringende, sich selbst indes lediglich als vermeintlich »juristisch« (= unpolitisch) verstehende Bundesverfassungsgerichtspositivismus wird mittlerweile kaum mehr in Frage gestellt.[327] Dies sollte eigentlich überraschen. Denn die hieran anschließende Konzeption einer »streitbaren Demokratie« knüpft erklärtermaßen nicht an die sich aus Art. 91 ergebenden Vorgaben zur »freiheitlich demokratischen Grundordnung« an, sondern an eine von dieser normativen Regelung abstrahierenden, wertbezogenen Deutung.[328] Mit dieser bestimmten ethisch-moralischen Vorstellungen verpflichteten Sichtweise vergrößert das Bundesverfassungsgericht indes nicht das grundrechtliche Freiheitspotential der Bürger im Ganzen. Vielmehr verteilt es – unter Inkaufnahme fortlaufender Deformalisierung des im Grundgesetz enthaltenen Rechtsstaatsprinzips – nur die Grundrechtssubstanz um.[329]

Staatsrecht. 14. Aufl. Tübingen 1993, S. 204. Er weist darauf hin, dass das Verfassungsgericht durch die weitreichende Konkretisierung grundgesetzlicher Aussagen dem Parlament seine eigene politische Überzeugung aufzwingt.

327 Vgl. hierzu die Warnung von Bernhard Schlink: »Die Entthronung der Staatsrechtswissenschaft durch das Bundesverfassungsgericht«, in: *Der Staat*, Bd. 28, S. 170: »Der Bundesverfassungsgerichtspositivismus gerät in Hinsicht auf seine Steuerungsleistung in eine prekäre Lage. Es wird immer schwieriger, die Fülle der […] von Jahr zu Jahr zahlreicher ergehenden Entscheidungen in ein kohärentes dogmatisches Korpus zu verarbeitet. Außerdem […] tritt das Politische, das in der […] bundesverfassungsgerichtlichen Rechtsprechung dogmatisch eingebunden oder immerhin eingekleidet wird, (in den einzelnen Kammerentscheidungen) gelegentlich derart offen in Erscheinung, dass ein Bundesverfassungsgerichtspositivismus, der sich natürlich nicht politisch, sondern juristisch versteht, gar nicht mehr daran anknüpfen kann.«

328 Der amerikanische Verfassungsrichter Benjamin Cardozo drückte dies zugespitzt einmal so aus: »The constitution is, what the say that it is« (zit. n. Hans-Peter Schneider: »50 Jahre Grundgesetz«, in: *NJW*, 1999, S. 1500).

329 Josef Isensee stellte diesen Befund 1996 in seinem Vortrag vor dem Deutschen Juristentag klar heraus. Der zentrale Satz seiner Kritik lautete: »Das Bundesverfassungsgericht vergrößert nicht das grundrechtliche Freiheitspotential der Bürger im Ganzen. Vielmehr verteilt es nur die Grundrechtssubstanz um.«

Die Idee einer freiheitlich verfassten Republik, deren Begriff der Staatsräson sich über die Begriffe von Freiheit und Recht als oberstem Staatsziel definiert, findet in der heutigen Verfassungsrealität anerkanntermaßen nur unzureichend Ausdruck.[330] Der Bundesrepublik mangelt es bis auf den heutigen Tag schlichtweg an einer normativen, in die konkrete Verfassung zurückreichenden Verankerung einer republikanischen Staatsräson. Ernst Forsthoff sprach sogar vom »Verlust der Staatlichkeit und der staatsideologischen Unterbilanz« der Bundesrepublik.[331] Zwar ist mit den im Grundgesetz enthaltenen Strukturprinzipien, »deren Gesamtheit erst den Staatstypus ausmacht«, konzeptionell der Typus einer freiheitlichen demokratischen Grundordnung angelegt.[332] Als deren verfassungsrechtliche Wurzeln werden überraschenderweise

---

(Ders.: »Bundesverfassungsgericht – quo vadis?«, in: Wolfgang Fikentscher (Hg.): Wertewandel – Rechtswandel. Gräfeling 1997, S. 107).

330 Zwar führt die Bundesrepublik das Strukturprinzip ›Republik‹ im Namen, normativ entwickelt ist dieses aber nicht. In den Kommentaren findet sich dazu lediglich die mehr als oberflächliche Interpretation, dass es sich bei der Republik um den Gegensatz zu Monarchie handelt. Vgl. hierzu Verf.: »Die Aufhebung des Staates in Partei« (Manuskript).

331 Ernst Forsthoff: Rechtsstaat im Wandel. 2. Aufl. München 1976, S. 153 ff. Vgl. auch Helmut Rumpf: Die Staaträson im demokratischen Rechtsstaat, in: *Der Staat*, Bd. 19, 1980, S. 273 ff.; ebenso Eckart Klein: »Die Staatsräson der Bundesrepublik Deutschland«, in: Staat und Völkerrechtsordnung. Festschrift für Karl Doehring. Berlin 1985, S. 459 ff.

332 Rumpf, a.a.O., S. 291. Nach dem Willen des Parlament. Rates, so Carlo Schmid, sollte mit dem Grundgesetz eine freiheitliche demokratische Grundordnung geschaffen werden: »Für die von uns angestrebte demokratische Ordnung sollten Freiheit und Gleichheit der Bürger die obersten Leitlinien sein. Doch es gehöre nicht zum Begriff der Demokratie, legale Voraussetzungen für die Möglichkeit ihrer Beseitigung zu schaffen. […] ›Demokratie‹ ist nur dort mehr als Produkt bloßer Zweckmäßigkeitserwägungen, wo man den Glauben hat, dass sie für die Würde des Menschen unverzichtbar ist. Wenn man den Mut zu diesem Glauben hat, muss man auch den Mut zur Intoleranz denen gegenüber haben, die die Demokratie gebrauchen, um sie selbst umzubringen« (ders., Erinnerungen, a.a.O., S. 360 f.).

zumeist jedoch außerstaatliche Handlungszwecke und Begründungen angeführt. So insbesondere der »Nie-wieder-Weimar«-Reflex.[333]

Entscheidend für die damit einhergehende Wendung des überkommenen Staats- und Verfassungsverständnis, aber auch für eine mentalitätsgeschichtliche Transformation, wurde jedoch die »Westbindung« – sie stellte für die Politik und für die Gesellschaft der Bundesrepublik nicht nur einen gewichtigen Maßstab dar, sondern wurde zu einem Teil »unserer Staatsräson« (Helmut Kohl) erklärt.[334] Eingedenk dieses Diktums drängt sich dann auch der Verdacht auf, dass es sich bei der »Idee des Westens« möglicherweise um nicht weniger als um das spezifisch bundesrepublikanische Äquivalent zur anglo-amerikanischen Glückseligkeitsformel des »pursuit of happiness« handelt. Da nirgendwo sonst auf der Welt mit solcher Verzückung über den »Westen« gesprochen wird wie in der Bundesrepublik, scheint es sogar so zu sein, dass es sich dabei um eine Art von Religionsersatz handeln könnte. Auch deshalb, weil das affirmative Bekenntnis zur »westlichen Wertegemeinschaft« regelmäßig mit dem offen formulierten Anspruch einer auf totale Durchdringung der Gesellschaft gerichteten politischen Utopievorstellung verbunden wird: als »säkulare Staatsreligion« (Jan Ross)[335], aus der die Bürger des Landes ihre Weltanschauung beziehen sollen, taugt das

---

333 »Bonn ist nicht Weimar«: So lautete die bald zum Sprichwort gewordene Binsenweisheit, die der Schweizer Publizist Fritz René Allemann als Titel für sein gleichnamiges Buch (Köln 1956) aufgriff. Die oft und selbstzufrieden wiederholte Formel gilt seitdem als frohe Botschaft, die in keinem politologischen Werk über die Grundlagen der Bundesrepublik fehlen darf.

334 In: *FAZ*, 30.11.1987, S. 3. Offen ließ Kohl dabei allerdings, welchen Teil diese ausmache bzw. was die anderen Teile besagen. Aufschluss hierüber gewann man auch nicht aus der Rede, die er nach dem Ende seiner Kanzlerschaft in einer Bonner Plenarsitzung über ein halbes Jahrhundert deutscher Politik hielt: »Bei fast allen im Bundestag vertretenen Parteien gilt das Bündnis westlicher Demokratien mittlerweile als ›Kernpunkt deutscher Staatsräson‹, wie ich es in meiner Regierungserklärung von 1982 formulieren durfte« (in: *FAZ*, 2.7.1999, S. 8).

335 Und Jan Ross merkt dazu noch an: »Es herrscht Bekenntnisfreiheit« (»Schwellendes Philistertum. Gegen politisch korrekte Westbindung und Metaphysikverbot«, in: *FAZ*, 3.5.1994).

Theorem der »Westbindung« indes nicht. Diese ist aus der einmaligen Situation der Gründung der Bundesrepublik heraus entstanden, weshalb ein geschichtlicher Maßstab daraus nicht hergeleitet werden kann.

Ein weiterer Aspekt für die Ausrichtung des neuen Weststaates war die Vision »Europa«, nicht nur als politische, sondern auch als wirtschaftliche Kraft und getragen durch die Achse Frankreich–(West-) Deutschland.[336] Auf politisch-moralischer Ebene ging es seit der Gründung – auch um umfassende internationale Reputation bemüht – stets um das Thema der »Bewältigung«, der »Einzigartigkeit« an sich und insbesondere der deutschen Vergangenheit. Vor diesem Hintergrund ist es auch keineswegs zufällig, dass die Auseinandersetzung mit der NS-Vergangenheit weiterhin das Prädikat »bewältigen« verlangt, während man die DDR-Geschichte lediglich »aufarbeiten« will.

Der Topos der »Vergangenheitsbewältigung«[337] weist in seiner gegenwartsorientierten Historiographie eine vielfältige Funktion

---

336 Im Zuge der Verabschiedung des Maastrichter Vertrages und der sich hierüber entwickelnden Diskussion begann der Begriff »Europa« sich in eine beinah metaphysische Dimension zu steigern, die mit rationaler Argumentation nichts mehr gemein hat: Was soll man etwas davon halten, dass es sich – laut Helmut Kohl – bei der europäischen Einigung um die dostojewskische Frage von Krieg und Frieden handele? Dass biblische Kategorien in der Europafrage tatsächlich eine Rolle spielen, zeigt auch die beschwörende Formel des damaligen Bundespräsidenten Richard von Weizsäcker, der in Bezug auf den Maastrichter Vertrag äußerte, »Maastricht bietet uns an der Schwelle zum 21. Jahrhundert die Möglichkeit, aus der Mittellage erlöst zu werden« (in: *FAZ*, 13.4.1992).

337 Vgl. u.a. dazu Eckhard Jesse: »Wie stark philosemitische Überlegungen die Aufarbeitung der nationalsozialistischen Vergangenheit behindern«, in: Uwe Backes u.a. (Hg.): Die Schatten der Vergangenheit. Impulse zur Historisierung des Nationalsozialismus, Frankfurt/Main 1990, S. 543. Vgl. auch die Beiträge im sog. »Historikerstreit« 1987 und die hitzige Debatte, die sich 1998 im Anschluss an die aufsehenerregende Rede Martin Walsers bei der Verleihung des Friedenspreises des Deutschen Buchhandels entwickelte: Zum Historikerstreit ist aus juristischer Sicht bereits alles Notwendige von Hartmut Schiedermair gesagt worden (ders.: »Die deutsche Frage im Streit der Fakultäten«, in: Walther Fürst, Roman Herzog, Dieter C. Umbach (Hg.): Festschrift für Wolfgang Zeidler. Bd. 2. Berlin/New York 1987, S. 103 ff.).

auf. Dass sich bislang keine konsensfähige Klärung seiner Bedeutung durchzusetzen vermochte, lässt sich am inflationären und undifferenzierten Gebrauch des Begriffs absehen. Von daher besteht die Vermutung, dass sich hieran auch in Zukunft nichts ändern wird. Den diesbezüglich bestehenden Erwartungshaltungen ist entgegenzuhalten, dass das, was vergangen ist, nicht »bewältigt« werden kann. Man kann sich daran erinnern, es vergessen oder verdrängen, es kann gerächt, gesühnt oder bereut werden. Aber all dies ändert nichts daran, dass das Vergangene vergangen und für immer unerreichbar ist. Das Verlangen einer aktiven »Bewältigung«, wie sie das Sprachbild suggeriert, zielt schlichtweg auf etwas Unmögliches. Durch den allzu leichtfertigen Gebrauch des Schlagworts von der »unbewältigten Vergangenheit« wird darüber hinaus verdeckt, dass der Terminus ursprünglich eine Vergangenheit meinte, die sich angesichts des Unfasslichen »angemessen« überhaupt nicht verarbeiten lässt. Bei der immer wieder reklamierten »Aufarbeitung der Vergangenheit«, aus der es zu »lernen« gelte, geht es auch nicht in erster Linie, wie der Begriff »Vergangenheitsbewältigung« auf den ersten Blick suggeriert, um die Auseinandersetzung mit Vergangenem, sondern vor allem um den Umgang mit dessen Nachwirkungen in der Gegenwart. So dient der allzu oft zu hörende Hinweis, dass immer noch nicht ausreichend »bewältigt« wurde, doch wohl vor allem dem Zweck, dem Aufbau einer universalen Gegen-Identität, die sich im scharfen Gegensatz von der deutschen Vergangenheit abgrenzt, Vorschub zu leisten. Unmittelbar daran gekoppelt sind mannigfaltige Frageverbote, normative Selektivität, Legendenbildung, Tabus und vor allem die Existenz eines faktisch strafbewehrten »Vergleichsverbots« von Kommunismus und Nationalsozialismus. Letzteres stellt zudem ein probates Mittel zur Selbstentlastung einer politischen Linken dar, die vor allem deshalb über Ausschwitz redet, um das kollektive Beschweigen des Gulag fortzusetzen.

Dem allen entspricht also der Befund, dass an die Stelle des zum Staats- und Verfassungsbegriffs notwendig dazugehörenden Begriffs der Staatsräson im Fall der Bundesrepublik eine Fülle von Ersatzelementen, wie die »Lehren von Weimar«, der deutsche »Sonderweg«[338], der »Friede«[339], der »Verfassungspatriotismus« oder schlichtweg der allgemeine »Konsens«, getreten sind. Gleiches gilt für die Volkssouveränität. Diese wird in der Präambel zwar zitiert. Tatsächlich ist sie für das Inkrafttreten des Grundgesetzes aber ohne jede Bedeutung geblieben:

> »Wenn die Präambel des Grundgesetzes formuliert, das deutsche Volk habe sich ›kraft seiner verfassunggebenden Gewalt dieses Grundgesetz‹ gegeben, so trifft dies in Wahrheit nicht zu. Auch die später nachgeschobene Behelfsthese, das demokratische Legitimationsdefizit des Grundgesetzes sei durch die hohe

---

338 Die methodisch höchst fragwürdige Argumentationsweise der Vertreter der »Sonderweg«-Theorie geht von zwei mehr oder minder deutlich formulierten, subjektiven Voraussetzungen aus. Dem idealisierten Glauben an die Fortschrittlichkeit des Westens, der mit der grenzenlosen Rückständigkeit der Deutschen in Kontrast gesetzt wird. Zu den sich hieraus bildenden Fehleinschätzungen gesellt sich dann die fragwürdige Vorstellung vom »Primat der Innenpolitik«, die zumeist noch mit einem normativ verstandenen, politischen Bekenntnis verknüpft ist. Aus dem Mund eines ihrer offenherzigsten Vertreter hört sich das dann so an: »Man bricht dem deutschen politischen Bewusstsein nach 1945 das Rückgrat, wenn man die Sonderwegthese eliminiert« (Kurt Sontheimer, in: Institut für Zeitgeschichte (Hg.): Deutsche Sonderwege – Mythos oder Realität?, München/Wien 1982, S. 32). Diese Grundhaltung erklärt auch die Heftigkeit der Reaktion, mit der diese These von ihren Anhängern im Zuge der Wiedervereinigung öffentlich verteidigt wurde. Siehe Hans-Ulrich Wehler: »Aufforderung zum Irrweg«, in: *Der Spiegel*, Nr. 39/1990, S. 29. Besonders pointiert auch Peter Glotz: »Wer eine Renaissance des Nationalstaates fordert oder auch nur duldet, wird Mitschuld tragen an Hunderttausenden Toten« (ders.: Der Irrweg des Nationalstaates. Europäische Reden an ein deutsches Publikum. Stuttgart 1990, S. 125).

339 Hiermit ist nicht der ›Friede‹ als solcher, sondern nur die in der beständigen Bezeugung einer pazifistischen Grundhaltung zum Ausdruck kommende Bereitschaft zum Konsens (zur Kapitulation?) um jeden Preis gemeint. Als bekanntester Vertreter dieser Richtung gilt nach wie vor Dolf Sternberger, bei dem etwa zu lesen ist: »Der Gegenstand und das Ziel der Politik ist der Friede. – Der Friede ist die politische Kategorie schlechthin« (ders.: Die Politik und der Friede. Frankfurt/Main 1986, S. 130). Zwar ist dies nicht grundsätzlich falsch, auf die Grundfragen, »wofür«, »wozu« und vor allem für »wen« der Frieden hergestellt und erhalten werden soll, vermag dies allerdings keine Antworten zu liefern.

> Wahlbeteiligung bei den Bundestagswahlen geheilt worden, war nur Ausdruck des Satzes, dass nicht sein kann, was nicht sein darf, und entspringt in der Sache einer mehr als fraglichen Logik: Bei den Bundestagswahlen steht die Entscheidung zwischen bestimmten Parteien, nicht aber für oder gegen das Grundgesetz zur Debatte.«[340]

Von »Dolchstoß«- und »Im-Felde-unbesiegt«-Legenden, die für die politische Auseinandersetzung in der Weimarer Republik prägend waren, ist die Bonner Republik in der Zeit ihres rheinischen Daseins gottseidank verschont geblieben: »Bonn ist nicht Weimar.« Stimmt! Aber mit dieser Parole lässt sich allenfalls der Erleichterung Ausdruck verleihen, dass der Bundesrepublik eben diejenigen Zustände erspart geblieben sind, die die Weimarer Republik vor allem zu ihrem Ende hin prägten. Eine darüberhinausgehende, geschweige denn normative Bedeutung folgt daraus ebenso wenig, wie sich irgendwelche schulmeisterlichen ›Lehren‹ aus diesem Befund herleiten lassen. »Wäre im August 1919 das deutsche Grundgesetz von 1949 in Kraft getreten, darf«, so Udo Di Fabio, »bezweifelt werden, ob die Republik auch nur bis zum Jahr 1924 gekommen wäre, wenn nicht ein Friedrich Ebert aus seinem starken Amt heraus über die Reichswehr und das Notverordnungsrecht hätte verfügen können.«[341] In dieser Hinsicht muss die Bundesrepublik erst noch beweisen, dass sie als Berliner Republik mehr ist als das, was sie lange Jahre war: eine Schönwetterdemokratie!

Dass sich die allgemeine Wertschätzung der zweiten deutschen Republik und seiner Verfassung, des Grundgesetzes, maßgeblich über eine undifferenzierte, schlichtweg falsche und politisch naive *Anti*-Dogmatik zu seinem Vorgängermodell definiert, ist schon als Tatsache an

---

340 Hans Herbert von Arnim: Staat ohne Diener. Was schert die Politiker das Wohl des Volkes? München 1993, S. 22 f.; vgl. auch Murswiek, a.a.O., S. 88.

341 Udo Di Fabio: Die Weimarer Verfassung. Aufbruch und Scheitern. München 2018, S. 6.

sich bemerkenswert.[342] Ursächlich für diese verbreitete Neigung, »von der Weimarer Reichsverfassung gering zu reden«, bemerkte Theodor Heuss dazu im Parlamentarischen Rat, sei die »Suggestion der Hitlerpropaganda«. Er, so Heuss, vertrete hingegen nach wie vor die Ansicht: »Die Rechtsordnung von Weimar war nicht schlecht.«[343] Ausdrücklich geteilt wurde diese Einschätzung von Günter Dürig. Dieser Mitherausgeber des wohl bekanntesten Kommentars zum Grundgesetz bemerkte darin einmal lapidar, dass die Weimarer Reichsverfassung seiner Ansicht nach »übrigens juristisch ungleich besser war« als das Grundgesetz.[344]

Vergleicht man die Entstehungsbedingungen der Weimarer Reichsverfassung mit denen des Grundgesetzes, so lässt sich erkennen, dass dessen Genese nur eingeschränkt als demokratisch apostrophiert werden kann.[345] Das Prinzip der Volkssouveränität war bei letzterem schlichtweg kein bestimmender, sondern allenfalls ein mitgestaltender Faktor. Dies zu leugnen, mag – um mit den Worten Hermann Hellers zu sprechen – »zwar politische Theologie sein, Staatstheorie ist es sicher nicht«.[346] Da nicht sein kann, was vermeintlich nicht sein darf, wird gerade das damals objektiv gegebene Defizit an Demokratie zwar als solches notgedrungen eingeräumt. In den daraus möglicherweise folgenden Konsequenzen wird dieser Befund dann allerdings nicht

---

342 Vgl. Erich Kaufmann: Grundtatsachen und Grundbegriffe der Demokratie. München 1951, S. 17: »Die Weimarer Verfassung als solche war gar nicht so schlecht, wie man heute vielfach behauptet. Das deutsche Volk hat unter dieser Verfassung von 1919 bis 1930 im Wesentlichen gut leben können. Aber die politischen Faktoren haben die Situation nach 1930 nicht mehr zu meistern vermocht.«

343 So Theodor Heuss in der 3. Plenarsitzung am 9.9.1948, PR, Stenograph. Bericht, S. 40.

344 Dürig, in: Kommentar zum Grundgesetz von M/D/H, Art. 18 Rn. 3.

345 Vgl. zur Problematik Murswiek, a.a.O., S. 88 f.

346 Hermann Heller: Staatslehre [1934]. Tübingen 1983, S. 314. Er fährt fort: »Man kann als verfassunggebenden Willen denjenigen Willen bezeichnen, dessen ›Macht und Autorität‹ imstande ist, die Existenz der politischen Einheit im Ganzen zu bestimmen.«

weiter hinterfragt, sondern im Sinne einer bewusst im Halbdunkeln bleibenden Arkanlehre illusionär verklärt.[347] Verstärkt wird dieser Befund noch dadurch, dass es gängig geworden zu sein scheint, mit Hilfe des Instruments des sog. Verfassungspatriotismus die Generalabrechnung mit der dem Grundgesetz immanenten Idee des demokratischen Nationalstaates zu suchen, um diesen als »tot«, als von der Geschichte »widerlegt« und/oder als historisch überholtes »Auslaufmodell« zu diskreditieren.[348]

---

347 Vgl. Michael Stolleis: »Arcana Imperii und Ratio Status. Bemerkungen zur politischen Theorie des frühen 17. Jahrhunderts«, in: ders.: Staat und Staatsräson. Frankfurt/Main 1990, S. 58: »Das Zentrum der Arcana-Literatur bleibt hingegen die Frage, nach den Mitteln der Politik, durch die Herrschaft begründet, befestigt und vermehrt werden könne. Ihr Ansatzpunkt ist weniger normativ als empirisch; die Nähe zu den Fragstellungen von Machiavelli und Tacitus und das darin enthaltene Moment der historischen Erfahrung bleiben erhalten.«

348 Jürgen Habermas: Eine Art Schadensabwicklung. Kleine Politische Schriften VI. Frankfurt/Main 1987, S. 74 f. – Was die von der Habermas-Schule vertretene amerikanische Position auszeichnet, legte deren Namensgeber selbst einmal in verblüffender Offenheit in einer Diskussionsrunde im Fernsehen dar. Als ein Religionswissenschaftler ihm gegenüber bemerkte, wie »erstaunlich synthetisch« das »Projekt« des deutschen Philosophen sei, der nicht innerhalb eines »engen Paradigmas« arbeite, sondern amerikanischen Pragmatismus mit kontinentaleuropäischer Tradition verbinde, erwiderte dieser ihm frei von der Leber weg: »Ja, das ist der Vorteil einer besiegten Nation. 1945 wurde ich 16 Jahre alt, und in Deutschland gab es zum ersten Mal eine wirkliche Chance, sich der westlichen Welt zu öffnen« (zit. n. Henning Ritter: »Verspätung. Faktizität und Fairness«, in: *FAZ*, 10.1.1996, Beilage S. 5). Wen wundert es da noch, dass Habermas nationale Interessen irgendwann nur noch unter der Rubrik »DM-Nationalismus«, als ein »deutsches Muskelspiel« von obszönem Aussehen wahrzunehmen imstande war (ders.: »Der DM-Nationalismus«, in: *Die Zeit*, 30.3.1990, S. 62). Vgl. hierzu die Kritik von Henning Ritter: »Die Ökonomie als Quelle alles Bösen«, in: *FAZ*, 11.4.1990. Günter Maschke legte bereits vor Jahrzehnten zutreffend dar, dass es sich bei der von Habermas universalmoralisch verkleideten, reedukativ inszenierten »Bindungslosigkeit« tatsächlich um nichts anderes als um eine, ja wenn nicht sogar die »Philosophie des Status quo« handele (Günter Maschke: Der Tod des Carl Schmitt. Apologie und Polemik. Wien 1987, S. 139). Das von Habermas erfundene, sich selbst paraphrasierende Gespräch

Der Begriff »Verfassungspatriotismus«, den vor allem der Denker des Status quo der alten Bundesrepublik, Jürgen Habermas, Mitte der 1980er Jahre so wirkmächtig in Stellung brachte, wurde ursprünglich durch Dolf Sternberger geprägt. Ihm ging es damit nicht um einen »Ersatzpatriotismus«, sondern um ein verfassungstheoretisches Surrogat für den seiner Ansicht nach schwer beschädigten und diskreditierten nationalen Patriotismus in Deutschland. So verstanden bezieht der Begriff seine inhaltliche Begründung aus der Zustimmung zu einer durch Selbstbestimmung konstituierten Ordnung sowie aus der »Verknüpfung des Patriotismus mit der bürgerlichen Freiheit und mit der Verfassung«.[349] Verfassungspatriotismus meint so den vernünftig begründeten Willen, für das eigene Land und Volk eine freiheitliche Ordnung zu gestalten. Seine diesem Verständnis entgegengesetzte, spezifisch *anti*nationale (= Patriotismus ohne Patria) Konnotation gewann der Begriff erst im sog. Historikerstreit. Erheblichen Anteil an dieser Begriffsumwälzung hatte Habermas. Weshalb dem so ist, dürfte

---

(»herrschaftsfreier Dialog«) und sein Gerede über die von ihm vertretenen »empirischen Theorien mit starken universalistischen Ansprüchen« (ders.: »Die Philosophie als Platzhalter und Interpret«, in: Dieter Henrich (Hg.): Kant oder Hegel. Stuttgart 1983, S. 43 ff.) werden mittlerweile mit immer stärkeren Fragezeichen versehen. »Hat Habermas nicht den Nihilismus nur formalisiert?«, fragt etwa Karl Bauer in: Der Denkweg von Jürgen Habermas. Zur Theorie des kommunikativen Handelns. Regensburg 1987, S. 331. Grundsätzlich dazu auch Reinhart Maurer: »Über Habermas«, in: *Die Etappe.*, Bd. 14. Bonn 1999, S. 79 ff.

349 Dolf Sternberger: Verfassungspatriotismus [1970]. Frankfurt/Main 1990, S. 21. Seit dem Historikerstreit gilt der Begriff des Verfassungspatriotismus unangefochten nun als Chiffre für eine neue Identität der Bundesdeutschen, als Surrogat für eine reale Staatsräson und als Placebo für eine zukunftsfähige, freiheitliche demokratische Ordnung, die unter der Fahne des Verfassungspatriotismus unverhohlen preisgegeben wird. Exemplarisch etwa daran zu erkennen, dass programmatisch der »Abbau der im Grundgesetz angelegten Spannung zwischen weltbürgerlichen Prämissen und völkisch-nationalstaatlichen Orientierungen« gefordert wird, so Dieter Oberndörfer (ders.: »Vom Nationalstaat zur offenen Republik«, in: *Aus Politik und Zeitgeschehen*, H. 9/1992, S. 24).

folgende seiner Äußerungen verdeutlichen, die *pars pro toto* für eine Vielzahl weiterer stehen kann:

> »Wir waren nie eine der klassischen Staatsnationen. […] In dieser Situation halte ich für uns als Bürger der Bundesrepublik Deutschland einen Verfassungspatriotismus für die einzig mögliche Form von Patriotismus. […] Für uns in der Bundesrepublik bedeutet Verfassungspatriotismus unter anderem den Stolz darauf, dass es uns gelungen ist, den Faschismus auch auf Dauer zu überwinden, eine rechtsstaatliche Ordnung zu etablieren und diese in einer halbwegs liberalen Kultur zu verankern.«[350]

Habermas, der sich sowohl gegen anderes Denken wie gegen die Wirklichkeit durch die Pose quasi permanenter Aufklärung zu immunisieren sucht und sich selbst zutreffenderweise einmal als »ein Produkt der ›reeducation‹ und wohl kein allzu negatives«[351] bezeichnete, ist zweifelsohne einer der bedeutendsten Vertreter dieser Richtung. Als Historiker war er, wie er selbst einräumt, allerdings »ohne fachliche Kompetenz«, als er den sog. Historikerstreit eröffnete. Dass der wissenschaftliche Ertrag der Auseinandersetzung äußerst gering blieb, wird allseits eingeräumt. Mit ursächlich dafür war zweifelsohne die moralische und polemische Argumentationslinie, die vor allem Habermas damals mit zahlreichen Invektiven wie »Kriegsheftchenrhetorik«, »Mandarinenbewusstsein«, »geopolitisches Tamtam«, »Manipulation« und »verordnetes Geschichtsbild« vorgab. Sein erklärtes Ziel lag darin, zu verhindern, dass »die Hypotheken einer glücklich entmoralisierten Vergangenheit« irgendwann einmal abgeschüttelt werden können. Denn, so Habermas treffende Begründung: »Die vorbehaltlose Öffnung der Bundesrepublik gegenüber der politischen Kultur des Westens ist die große intellektuelle Leistung unserer Nachkriegszeit, auf die gerade meine Generation stolz sein könnte.«[352]

---

350 Jürgen Habermas: Die nachholende Revolution. Kleine Politische Schriften VII. Frankfurt/Main 1990, S. 151 f.

351 Detlef Horster: Habermas zur Einführung. Hannover 1980, S. 73.

352 Habermas, Eine Art Schadensabwicklung, a.a.O., S. 135.

Dieser gewendete Begriff von Verfassungspatriotismus knüpft seinem Wesen nach nicht mehr an der normativen Verfassungslegalität, sondern an einer *minus*-nationalsozialistischen Verfassungsmoralität und Verfassungsreligiosität an, von der es dann nur noch ein kleiner Schritt zum Verfassungszelotismus ist.[353] So evident falsch die damit verknüpften, perhorreszierenden Vorstellungen auch sind. Es kann »nicht übersehen werden, dass die Wege zu stichhaltigen politischen Analysen mit (eben diesen) Totems und Tabus gepflastert sind«[354]. Aus der Perspektive der Vertreter der moralisch argumentierenden Vergangenheitsbewältigungsideologie erscheint die deutsche Geschichte und alles, was damit zusammenhängt, nur noch als Protofall eines unheilschwangeren Monstrositätenkabinetts.[355] Der Schatten Hitlers, der mit historischer Entfernung nicht ab-, sondern beständig zuzunehmen scheint,[356] deckt alles zu.[357] Beinah alle Entwicklungen

---

353 Vgl. Josef Isensee: »Die Verfassung als Vaterland«, in: Armin Mohler (Hg.): Wirklichkeit als Tabu. München 1986, S. 24; auch Forsthoff, Der Staat der Industriegesellschaft, a.a.O., S. 67: »Inzwischen gibt es in großer Zahl Formeln, Leitbilder und Denkmuster, mittels der die Verfassung als ideologisches Konzept verstanden wird.«

354 Hierzu gehört auch, dass selbst überzeugend belegte Ergebnisse etwa aus der Zeitgeschichtsforschung nicht oder nur sehr zurückhaltend publiziert werden, weil man diese als »unpassend« oder gar als »gefährlich« ansieht: »Im Gegensatz zu Geist und Buchstaben der grundgesetzlich proklamierten Wissenschaftsfreiheit ist es heutzutage leider schon empfehlenswert, manche Passagen historiographischer Texte vor ihrer Veröffentlichung auf einen möglichen ›Straftatbestand‹ hin überprüfen zu lassen«, so Joachim Hoffmann in seinem Buch *Stalins Vernichtungskrieg 1941–1945* (München 1995, S. 16).

355 Auf Basis dieses spezifisch bundesrepublikanischen Bewusstseins gelangt man nicht zu einem tieferen Verständnis derjenigen Brüche und Transformationen, denen das deutsche Volk in den letzten fünfundsiebzig Jahren seines Daseins ausgesetzt war.

356 Vgl. hierzu Gottfried Dietze: Der Hitler-Komplex. Wien 1990; Armin Mohler: Der Nasenring. Die Vergangenheitsbewältigung vor und nach dem Mauerfall. 3. Aufl. München 1991.

357 Das entscheidende Manko sieht bspw. Arno Plack darin, dass die westdeutsche Demokratie maßgeblich auf dem »Anti« zu Hitler aufgebaut wurde: »Hitler, mit

werden zu ihm in Beziehung gesetzt: vorbereitend oder retardierend, faschistopetal oder faschistofugal.[358]

Weite Teile bundesrepublikanischer Öffentlichkeit, die sich selbst als eine Art von moralisch höherwertiger Minderheit im eigenen Volk versteht, sind der festen Überzeugung, dass nicht Hitler, sondern das deutsche Volk schlechthin der »Betriebsunfall« der Geschichte sei. Diese Haltung ist auch ursächlich für die mittlerweile kalendarisch inszenierten Rituale und symbolischen Transportmittel des nachträglichen Widerstandskampfes, die als halbreligiös verbrämte Selbstreinigungsszenarien den Anspruch auf gesellschaftliche Durchdringung und ausnahmslose Gestaltung des Lebens und Bewusstseins jeden Einzelnen erheben. Das Bild der Bundesrepublik wird bei diesen exorzierenden »Happenings« von den nachgeborenen »Nicht-Tätern« fortlaufend national-sozialistisch eingefärbt, um gegenüber den wirklichen und vermeintlichen Schlachtbank- und Schreibtischtätern der Gulags und KZs ein klinisch umso reineres Gewissen inszenieren zu können. Damit einher geht eine Übertragung von psychologischen Kategorien auf den öffentlichen Diskurs mit der Folge, dass man ein eigenes Gewissen nicht mehr zu haben braucht, weil man das öffentliche Gewissen ist; zugespitzt formuliert: »das Tribunal, dem man entkommt, indem man es wird«[359].

Diese psychologisierende Ausdrucksform von Negativ-Patriotismus, die sich in der Bundesrepublik öffentlichkeitswirksam vor allem als

---

negativen Vorzeichen versehen, wird so zum Leitstern der Demokratie. Unser Begriff von Volksherrschaft höhlt sich darunter aus, sofern er jemals erfüllt war von demokratischen Leitbildern demokratischer Gesinnung, Auch hierin ist Hitler noch zu besiegen« (ders.: Wie oft wird Hitler noch besiegt?. München 1982, S. 436).

358 Der frühere Bundesaußenminister Joschka Fischer folgerte im Jahr 1989 aus der NS-Vergangenheit: »In Deutschland 45 Jahre nach Auschwitz auf alles Nationale panisch zu reagieren, ist kein Anlass zu Scham und Kritik, sondern eine überlebensnotwendige Demokratenpflicht für mindestens weitere 45 Jahre« (in: *Die Zeit*, 24.11.1989, S. 3). Demzufolge wäre die einzig angemessene Reaktion auf das »Nationale« schlichtweg die »Pflicht zur Panik«.

359 Odo Marquard: Abschied vom Prinzipiellen. Stuttgart 1981, S. 12.

Anti-Hitler-Affekt buchstabiert, hat mittlerweile ein Stadium erreicht, in dem die selbst auferlegten Denksperren über kafkaeskes Niveau verfügen. Es scheint nur noch geschlossene Türen zu geben, vor denen man wartet, aber nicht mehr hindurchzugehen wagt. Angesichts der beständig fortschreitenden, globalen Wandlungen ist es allerdings auf Dauer für ein Volk gefährlich, wenn es sich seiner eigenen Belange nur noch reflexiv in Debatten und Diskursen erinnern will. Es wäre zudem tölpelhaft zu glauben, dass ein Volk, das Politik nur noch als eine Art von »Spiel« inszeniert, auf Dauer Bestand haben könnte: »Dadurch, dass ein Volk nicht mehr die Kraft oder den Willen hat, sich in der Sphäre des Politischen zu halten, verschwindet das Politische nicht aus der Welt. Es verschwindet nur ein schwaches Volk.«[360]

Die Bundesrepublik leidet aus Gründen ihrer Entstehung an einer erheblichen »staatsideologischen Unterbilanz«[361]. Wenn es heute um die Frage der Zukunftsfähigkeit des Gemeinwesens geht, gelangen namhafte Historiker daher auch zu durchaus zurückhaltenden Urteilen. So konstatierte Hans-Peter Schwarz bereits vor Jahren:

> »Es wäre nicht schwer, die Entwicklungsgeschichte deutscher Einstellung zur Machtpolitik am Beispiel des Verständnisses von Staatsräson zu konkretisieren. In der Bewertung dieses Schlüsselbegriffes treten die Gegensätze [...] deutlich zutage. Die Idee unsentimentaler Staatsräson, die in illusionsloser Rationalität die Möglichkeiten, die Gefahren und die vom Machthandeln anderer Staaten gesteckten Grenzen eigener Machtpolitik kalkuliert, hat in der Zeit des Spät-Wilhelminismus und im Ersten Weltkrieg in Max Weber noch eine wortgewaltigen Sprecher gefunden. Nach 1945 ist freilich niemand mehr aufgetreten der die Staatsräson in den Traditionen von Machiavelli und Thomas Hobbes zu verteidigen wagte. [...] Bedenklich ist im Fall der Bundesrepublik, dass diese Diskussion fast gar nicht stattfindet – weder bezogen auf Einzelfälle

360 Carl Schmitt: Der Begriff des Politischen. 3. Aufl. Berlin 1963, S. 54.

361 So Ernst Forsthoff: Rechtsstaat im Wandel. 2. Aufl. München 1976, S. 153.

noch theoretisch. Tonangebend ist ein bisweilen naiver, vielfach vorlauter und fast immer selbstgerechter Moralismus.«[362]

Vorherrschendes Motiv in der heutigen Außenpolitik ist ein naiver Optimismus, ansonsten eine unausgesprochene, sich eher unterwürfig gebende Duldsamkeit und Bereitschaft zur prinzipiellen Selbstaufgabe in den ›Vereinigten Staaten von Europa‹. Letzteres äußert sich vor allem in dem Glauben, den Forderungen von vermeintlich »befreundeten« Staaten *stante pede* stets nachgeben zu müssen; selbst wenn diese der eigenen Interessenlage deutlich zuwiderlaufen. Das Vokabular der politischen Führung bestätigt diesen Befund: »Frieden«, »Koexistenz«, »Partnerschaft« und weitere eindrucksvolle Exerzitien Orwellschen Neusprechs, mit denen die unangenehmen Tatsachen der Macht verdrängt werden und der wirkliche Feind semantisch verhüllt wird.[363] Diese Begrifflichkeiten entstammen schließlich allesamt dem Fundus einer sich utilitaristisch gebenden »Realpolitik«[364], deren zentrale Prämissen unter der Devise des »Sowohl-als-auch«, dem Grundsatz »Keine Experimente!«, der Maxime »Pro-Europa« und dem Zweifelssatz »in-dubio-pro-America« stehen.

---

362 So Hans-Peter Schwarz: Die gezähmten Deutschen. 2. Aufl. Stuttgart 1985, S. 149.

363 Die prekären Folgen dieses Befundes hat Schwarz offengelegt: »Wenn die Grundtatsachen Macht und Machtpolitik bloß in verlegen hingemurmelten Halbsätzen Erwähnung finden, ist von einer breiteren Öffentlichkeit auch nicht zu erwarten, dass sie der politischen Führung folgt, falls sich diese genötigt sieht, gegnerischer Machtpolitik mit Macht entgegenzutreten.« (Ders., Die gezähmten Deutschen, a.a.O., S. 128 f.).

364 Schwarz konstatierte hierzu Folgendes: »Auffällig ist, wie selten die analytischen Begriffe ›Macht‹, ›Machtpolitik‹ und ›Staatsraison‹ im Vokabularium der bundesdeutsche Politiker auftauchen. Natürlich ist das Phänomen selbst weithin bekannt, wird vielfach auch umschreibend angesprochen. Aber der Wille und das Vermögen, das Handeln von Großmächten und anderen Staaten explizit, analytisch nüchtern und mit entwickeltem Gespür für die Gefahren und den Nutzen von Macht unablässig anzusprechen, ist zweifelsohne zurückgegangen.« (Ebenda, S. 127)

Die Rahmenbedingungen und das Erfolgsmuster dieser ›Bundesrepublik Deutschland‹ genannten Schönwetterdemokratie haben sich mittlerweile grundlegend geändert. Die klassischen Instrumente und Techniken des föderativ-parlamentarischen Zusammenwirkens im »Konsens« greifen zunehmend nicht mehr. Jene die Geschichte der »alten« Bundesrepublik prägende Idylle am Rhein, in der sich sowohl innen- wie auch außenpolitische Konflikte stets im sog. Konsens, also durch Umverteilung finanzieller Mittel lösen ließen, ist im Schwinden begriffen. Die dazu notwendigen Ressourcen befinden sich in einem katastrophalen Zustand und sind durch aktuelle globale Krisen mehr oder minder fiskalisch erschöpft. Da sich nunmehr für das Schüsselwort der bundesrepublikanischen Gesellschaft, den ökonomischen Begriff des »Wachstums«, im Normgefüge des Grundgesetzes eine Kompetenz nicht nachweisen lässt, fragt sich, was zukünftig als Surrogat an dessen Stelle treten könnte, wenn das Bruttosozialprodukt statistisch einmal einen negativen Saldo ausweist: Was soll und vor allem, was wird dann passieren?[365]

Die Verheißungen eines in »Europa« zu verortenden, verfassungspatriotischen Luftreichs vermögen nicht darüber hinwegzutäuschen, dass die sog. politische Klasse, die – in der Terminologie von Max Weber – nicht (nur) für die Politik, sondern von der Politik lebt, offensichtlich nicht mehr willens und dazu imstande ist, dem Streben nach Sicherheit und Selbstbehauptung als Staatsziel der Bundesrepublik Deutschland die dazu nötigen Visionen zu vermitteln. In der Logik dieses Befundes liegt es, dass das politische System zunehmend zu keiner inneren Ordnung mehr fähig ist. In die Zukunft weisende, tragfähige Konzepte zu den gravierendsten Phänomenen unserer Zeit, die allesamt am fortschreitenden Verlust der Staatlichkeit, der Kultur und des Volkes der Bundesrepublik festgemachten werden müssen, werden im Bundestag nicht diskutiert. »Wir haben kein Erkenntnisproblem«, mahnte bereits im Jahr 1997 zu Recht der damalige Bundespräsident

---

365 Vgl. Forsthoff, Der Staat der Industriegesellschaft, a.a.O., S. 67: »Inzwischen gibt es in großer Zahl Formeln, Leitbilder und Denkmuster, mittels der die Verfassung als ideologisches Konzept verstanden wird.«

Roman Herzog in seiner »Ruck-Rede«, »sondern ein Umsetzungsproblem.«[366] An dieser Umsetzungsschwäche hat sich in den vergangenen Jahrzehnten allerdings nicht nur nichts geändert. Die in der Bundesrepublik tonangebende politische Klasse ist sich mittlerweile in einem diffusen Gefühl von »subjektiver Gemütlichkeit« quasi selbst Genüge geworden; sie ist einfach da.[367]

---

366 Vgl. https://www.bundespraesident.de/SharedDocs/Reden/DE/Roman-Herzog/Reden/1997/04/19970426_Rede.html

367 Was will die politische Klasse in der Bundesrepublik? Ehrlicherweise wird man sagen müssen: Wir wissen es nicht! Im Gegensatz dazu konnte ein Mann wie Stauffenberg kurz vor seinem Attentat auf Hitler sein Ziel in einem Satz benennen: »Wir wollen eine neue Ordnung, die alle Deutschen zu Trägern des Staates macht und ihnen Recht und Gerechtigkeit verbürgt« (Das Gewissen steht auf. Hg. v. Annedore Leber u.a.: Berlin – Frankfurt/Main 1954, S. 231). Ähnliche zeitgenössische Vorstellungen fanden sich in einer unvollendet gebliebenen Abhandlung Rudolf Borchardts. Im italienischen Exil hielt der in Königsberg geborene Dichter im Jahr 1943 fest, dass er »als ein Deutscher […], nur als ein Deutscher, und vor allem als ein Deutscher« schriebe (ders.: Gesammelte Werke. Prosa V. Stuttgart 1979, S. 503). Borchardt, der als Jude galt und als solcher verfolgt wurde, wurde noch im August 1944 verhaftet und starb am 19. Januar 1945 in Trins in Tirol.

Die Werkreihe von TUMULT bei Manuscriptum
Direkt bestellen über www.manuscriptum.de

»Die eigenen Werte und Wahrheiten sind auf eine Weise verbindlich und verpflichtend, dass jeder Widerspruch als ›Angriff‹ betrachtet wird, dessen Abwehr den Einsatz aller Mittel rechtfertigt. Nur wer die Wirkungsweise solcher ›Wahrheitssysteme‹ versteht und ihr semantisches Betriebssystem entschlüsselt, kann die Macht des Sprachregimes brechen.«

Michael Esders

Herausgeber: FRANK BÖCKELMANN

Mehr erfahren unter www.manuscriptum.de